KB136862

매화 찾아 세계로

이 도서의 국립중앙도서관 출판예정도서목록(CIP)은 서지정보유통지원시스템 홈페이지 (http://seoji.nl.go.kr)와 국가자료공동목록시스템(http://www.nl.go.kr/kolisnet)에서 이용하실 수 있습니다.(CIP제어번호 : CIP2020012021)

중국 1

매화 찾아 세계로

중국의 탐매 명소 1

양도영 지음

學而思 | 학이사

책을 펴내며

매화는 이른 봄 눈 속에서 피어나는 기개와 아름다움으로 인해 우리나라 선비들이 좋아하는 꽃이다. 매화에서 청한고절(淸寒孤節)의 선비정신을 보았고, 부처의 환화(幻化)로 여겼으며 때로는 지사나 열사의 혼을 느끼기도 하였다. 그런가 하면 그리운 사람의 환영으로 애틋하게 바라보는 이도 많았다. 매화를 사랑하던 선비들은 그냥 매화로 부르지 않고 '매형(梅兄)'이라 불렀을 정도다. 매화를 끔찍이 사랑하는 사람을 혹매가(酷梅家)라 부른다.

조선조 전 시기에 걸쳐 매화를 아끼고 사랑하며 많은 시를 창작한 분으로 퇴계(退溪) 이황(李滉 : 1501～1570)을 꼽을 수 있다. 말년에 몸이 쇠하여 병으로 누워서는 "매형에게 추한 모습을 보일 수 없다" 며 매화분을 다른 방으로 옮기도록 하였다. 절명하는 순간 매화분에 물을 주라고 하였다. 72제 107수의 매화시 중 62제 91수는 말년에 따로 책으로 묶었는데, 『매화시첩(梅花詩帖)』이 그것이다. 매화와 묻고 답하는 형식의 '매화문답시(梅花問答詩)' 5제 12수는 중국이나 일본에서 찾아볼 수 없는 독특한 형식의 매화시들이다. 1566년(명종 21) 동지중추부사의 소명(召命)이 내리자 병으로 사직하고 예천(醴泉)의 동헌에서 왕명을 기다리면서 지은 시를 소개한다.

風流從古說孤山	풍류종고설고산	풍류는 예로부터 고산(孤山)을 말하는데
底事移來郡圃間	저사이래군포간	무슨 일로 관아 뜰로 옮겨 왔는가?
料得亦爲名所誤	료득역위명소오	그대 또한 명예를 그르쳤으니
莫欺吾老困名關	막기오로곤명관	이 늙은이 명예로 곤욕당함을 비난 마소

추사고택

我從官圃憶孤山	아종관포억고산	나는 관아 뜰이지만 고산을 생각하고
君夢雲溪客枕間	군몽운계객침간	그대는 나그네로 구름 계곡을 꿈꾸네
一笑相逢天所借	일소상봉천소차	한 번 웃고 만남을 하늘이 빌려주었으니
不須仙鶴共柴關	불수선학공시관	사립문에 선학(仙鶴)이 없은들 어이하리

예천 관아 뜰에 있는 퇴계가 묻고 매화가 답하는 시이다. 그대가 있어야 할 곳은 은자의 땅 고산(孤山)[1]이지 관아의 뜰은 아니다, 내가 명예를 탐한다고 비난 말라고 하였다. 매화는 의젓하게 대답한다. 우연히 만나 즐기는 것도 하늘이 준 기회이니, 임포처럼 학(鶴)이 없어도 무방하다. 이처럼 매화와 퇴계는 권력에 빌붙지 않고 진정한 은거를 절실히 추구하는 참된 은일의 정신을 강조하고 있다.

추사도 매화와 관련된 많은 글을 남겼다.

'삼십만 매화나무 아래의 방'이라는 뜻의 '삼십만매수하실(三十萬梅樹下室)'이란 편액도 썼다. 인장을 모아놓은 『완당인보』에는 '매화를 생각한다'는 뜻의 「아념매화(我念梅花)」, '매화의 오랜 주인'이라는 「매화구주(梅花舊主)」라는 것도 있다. 봄, 여름, 가을 좋은 시절 묵묵히 자신을 다스리다 겨울에 꽃을 피우는 매화는 가장 힘든 곳인 유배지에서 예술의 꽃을 피웠던 추사와 많이 닮았다. 이러한 매화를 보며 선비의 지조를 지켜나갔을 것이다.

1) 중국 항주 서호에 있는 야트막한 야산. 송나라 문호 임포가 은거하던 곳이다. 세계문화유산으로 지정된 곳.

추사고택의 매화

매화 사랑이라면 단원 김홍도의 일화도 빼놓을 수 없다.

우봉 조희룡이 쓴『호산외사(壺山外史)』에는 다음과 같은 내용이 있다.

"살림이 넉넉지 않아 끼니를 잇기 어려웠던 김홍도는 그림을 팔아 번 돈 3000냥 중에 2000냥은 매화 분재를 사는 데 쓰고, 800냥으로는 친구들을 불러 술을 마시고, 나머지 200냥으로 식량과 땔나무를 구입하였다"

조선 최고의 혹매가로 조희룡(趙熙龍 : 1797~?)을 꼽는 사람이 많다. 방에 자신이 그린 매화 병풍을 둘러치고 매화가 새겨진 벼루 · 먹으로 매화시 100수를 짓고 큰 소리로 읊다 목이 마르면 매화차를 마시곤 하였다. '매화백영루(梅花百詠樓)'라는 액자를 걸어두고 홍매(紅梅)를 즐겨 그리느라 붉은 연지 꽃점을 많이 써 방안이 얼룩덜룩해지자 '강설당(絳雪堂)'이라 불렀던 매화 사랑꾼이었다.

매화는 원산지인 중국에서보다 우리 땅에서 더 사랑을 받았다. 시인 도연명은 사군자 중 매화보다 국화를 사랑했다. 성리학자 주돈이는 연꽃을 군자의 꽃이라고 평하고 최고로 여겼다. 이처럼 정작 중국에서 매화를 이토록 사랑한 예는 매처학자(梅妻鶴子) 임포(林逋 : 967~1028) 등이 있을 뿐 그리 많지 않았다. 인구 대비해서 말이다.

고분데이[好文亭]에서 본 가이라꾸엔

일본인 중에서도 매화를 혹애(酷愛)한 사람이 더러 있었다. 학문의 신으로 추앙받으며 천여 개가 넘는 천만궁에 봉안된 스가와라미치사네(菅原道眞 : 845~903)가 제일 유명할 것이다.

미토 번(藩) 9대 번주(藩主)이자 가이라쿠엔[偕樂園]을 만든 도쿠가와 나리아키(德川齊昭 : 1800~1860)도 이에 못지않은 혹애가였다. 봄에 가장 먼저 청초한 꽃을 피우며, 열매는 소금에 절여 군대에서 또는 흉년에 구황 식량으로 사용할 수 있는 매화를 영지 내에 널리 심으라고 권장하였다. 무사(武士) 신분이었지만 별장 이름을 고분데이[好文亭]라고 지었다. '호문(好文)'이 매화의 별명이었기 때문이란다. 일본 3대 명원에 꼽히는 가이라꾸엔은 매화를 주제로 하는 정원이다.

매화는 한 · 중 · 일 삼국 중 우리나라에서 최고의 꽃으로 사랑받았지만 대규모로 재배하였다는 기록을 찾아보기가 쉽지 않다. 사학자 겸 언론인 문일평(1888~1939)은 "나부(羅浮)[2]도 매화의 명소요, 향도(向島)[3]도 매화의 명소이지마는 근역(槿域)[4]에는 이러

2) 소동파의 7언 율시에 나오는 '나부산하매화촌(羅浮山下梅花村)'을 일컫는다. 광동(廣東) 증성현(增城縣)에 있는 나부산(羅浮山)이다.

3) 향도(向島)는 일본에 3곳이 있다. 무카이시마로 불리는 것은 히로시마현 오노미치에 있고, 무쿠시마라 불리는 것은 사가현(縣) 카라쓰[唐津市]에 속한, 겐카이나다[玄海灘]에 있는 섬이다. 나머지 무카에지마라 불리는 곳은 오카야마현과 가가와현 사이의 세토나이카이에 있는 섬이다. 이 중 어느 곳을 가르치는지 알 수가 없다.

4) 우리나라, 즉 조선을 일컫는다.

남명매

한 매화의 명소가 없다. 삼남의 난지(暖地)에 매화가 있기는 있으나 그는 동매(冬梅)가 아니요, 춘매(春梅)이며 경중애화가(京中愛花家) 사이에 예로부터 매화를 배양하였으나 그는 지종(地種)이 아니요, 분재일 뿐이다. 매화를 많이 배양하여 완상(玩賞)에 공(供)함에는 일종 난실장치를 했는데 경성방송국은 곧 옛날 김추사 옹의 선세 이래 별장으로 아주 이름 높은 홍원매실(紅園梅室)이 있던 곳이요, 운현궁에도 매실이 있었고 이밖에도 매실 있는 집이 흔하였다 한다."

라고 하였다.

우리나라에서는 대규모로 매화를 재배하지 않았다고 설명하는 글이다. 오늘날처럼 재배술이 발달되지 않아서 대규모 재배가 불가능하였을 수도 있다. 매화를 숭앙하여 귀하게 키웠다는 기록은 간간히 찾을 수 있다. 도산서원(陶山書院)의 절우단과 회연서원의 백매단 등이 그나마 많이 키웠다는 기록이 있는 곳이다.

퇴계는 정우당(淨友塘)이라는 조그만 연못에 연을 심었고 절우사(節友社)를 만들어 소나무와 대나무, 국화를 심어 매화와 더불어 절우, 즉 절개 있는 벗으로 삼았다. 1986년까지만 해도 이곳에는 매화 고목이 있었으나 그해 고사했다고 한다. 이 매화고목이 퇴계의 손길이 닿은 나무였는지는 알 수 없었지만 도산매(陶山梅)라 불렀다. 하회마을의 서애매(西厓梅)와 더불어 경북이매(慶北二梅)로 꼽혔다.

화엄사 흑매

도산매는 용이 누워 있는 모습과 흡사하다고 와룡매(臥龍梅)[5]라고도 불렸다고 한다. 정작 도산매는 지바현[千葉縣]의 한 매화공원에서 볼 수 있었다. 현재 도산서원에는 수령 60여 년 정도 되는 매화들이 매화원(梅花園)을 비롯하여 곳곳에 심겨 있다. 그러나 퇴계가 매화나무를 키우던 유지(遺址)는 절우사 옛터인 것 같다.

경북이매와 함께 '산청삼매(山淸三梅)'와 '호남오매(湖南五梅)'가 유명하다. 산청삼매는 정당매(政堂梅), 남명매(南冥梅), 원정매(元正梅)를 일컫는다. 남명매를 제외한 두 그루는 고사하였다.

호남오매는 백양사의 고불매(古佛梅 : 천연기념물 486호), 선암사의 선암매(仙巖梅 : 천연기념물 488호), 가사문학관 뒤편 지실마을의 계당매, 전남대의 대명매, 소록도 중앙공원의 수양매를 일컫는데 이 수양매는 오래전 죽었다.

이들 외에 강릉 오죽헌의 율곡매(천연기념물 484호), 화엄사 길상암 앞의 백매(천연기념물 485호)도 명매이다. 전남 곡성 수도암(修道庵)의 매화나무는 잣나무와 함께 전라남도 문화재자료 제147호로 지정되었다. 강릉 오죽헌의 율곡매를 제외한 나머지

5) 와룡매는 주간은 위를 향하고 자라나 그 중 가지 하나가 밑으로 쳐져 그 접지점에서 뿌리를 내리고 새로운 개체처럼 보이는 매화의 총칭이다. 줄기와 굵은 가지가 옆으로 기어 지상에 도착하면 그곳에서 뿌리가 나와 새로운 나무가 되는 희귀 습성을 가지고 있다. 일본 국가 천연기념물로 지정된 매화 5그루 모두 '와룡매(臥龍梅)'이다. 규슈지방에 상대적으로 많이 있고. 최 북방에 해당하는 것으로는 이와테 현 야마다 쵸 오사와에 있는 오사와의 와룡매(大沢の臥竜梅)이다.

정당매

대부분은 남녘 절집에 터를 잡고 있는 셈이다.

얼마 전까지만 해도 매화를 고소득 유실수로 여겼고, 대단지에서 재배하였다. 섬진강을 끼고 있는 전남 광양시 다압면의 홍쌍리청매실농원을 위시하여 섬진마을 일대 구릉마다 수많은 매화농원들이 대표적이다. 매화 피는 시기에는 구름처럼 몰려오는 사람들로 일대의 도로가 막히는 곳이다. 땅끝 마을 해남 보해매원은 14만 평에 이르는 국내 최대 규모인데 3월 중순부터 말까지 별천지를 이룬다. 경남 양산 원동의 순매원 등도 그렇다. 이들 매화농원에서는 남고 · 백가하 · 청죽 · 앵숙 · 고성 · 소매 · 개량매전 등 일본 개량종이 주로 재배된다. 매실 수확이 주 목적으로 개량된 품종이다. 이곳은 매실 재배를 위한 곳이지 매화를 통하여 선조들의 고귀한 기상을 기리려는 장소는 아니다.

매화는 천 년을 살 수 있는 나무이다. 중국에는 초나라(?~B.C.223) 때 심었다는 매화도 있다. 당나라 때 매화는 내가 본 것만 대여섯 그루 정도이다. 우리나라 매화 중 선암매와 율곡매는 6백 살 이상이다.

겨울 서리 속에서 홀로 마른 가지 위에 핀 매화는 용기와 강단을 지닌 장수의 고결한 모습을 떠올리게 한다. 그래서 매화를 꽃 중의 으뜸, 화괴(花魁)라 부르는 것 같

대명매

다. 일찍이 선비가 매화를 사랑했던 이유는 아름다워서라기보다는 닮고자 했기 때문이다. 상황과 여건을 핑계로 개화를 망설였던 우리에게 용기와 강단을 주는 꽃이 매화이다. 지난날 이 땅의 정신을 이룬 유학적 본성을 보여주는 가장 힘 있는 상징이며, 여전히 지적인 함의들을 지니고 있는 꽃이다. 갈등과 역경이 심할 때일수록 매화는 삶을 되돌아보게 하고 공동체의식을 키워내는 힘이 있다. 누군가의 발자취를 좇기보다는 용기 있게 서리를 맞아내어야 할 것이다.

매화는 문화이다. 봄날 잠깐 찾은 매화 향기 한 가닥이 국민들에게 평생의 삶을 향기롭게 할 수 있을 것이다. 일생을 춥게 살아도 향기를 팔지 않는[6] 매화의 정신이 스며들어 올곧은 사람만이 모여 사는 우리나라가 되기를 꿈꾸어 본다.

필자는 청송군 현동면에 매화정원을 만들고 있다. 눌인리 11만여 평에 수만 그루의 매화들을 심어두었다. 우리나라 고매(古梅)·정매(庭梅) 등 명매(名梅)들의 후계목들이 주를 이룬다. 중국 일본 등지의 유명한 매화뿐 아니라 대만과 베트남 등에서 수

6) 桐千年老恒藏曲 동천년노항장곡 오동나무는 천 년이 지나도 항상 곡조를 간직하고 있고,
梅一生寒不賣香 매일생한불매향 매화는 일생 동안 춥게 살아도 향기를 팔지 않는다.
月到千虧餘本質 월도천휴여본질 달은 천 번을 이지러져도 그 본질이 남아 있고,
柳經百別又新枝 유경백별우신지 버드나무는 백 번 갈라져도 새 가지가 올라온다.

율곡매

집한 것도 있다. 매화뿐 아니라 심산 해당화나 무궁화 등 각종 나무들도 수집해 두었다. 그 아래와 주변에는 야생화 등 꽃들도 심고 있다. 이 '눌인매화숲'을 시작으로 각 지역마다 개성 있는 매화정원이 계속 들어서서 우리나라 고결한 선비의 지조와 기상이 함께 살고 있는 이웃들에게 전파되기를 기원하여 본다.

눌인매화숲 조성을 위한 자료 수집차 많은 곳을 다녀왔다. 그 중 제일 많이 가본 곳이 중국이다. 특히 대구와 직항이 있는 상하이는 수십 번을 다녀왔다. 상하이와 이웃 저장성에서 얻은 자료만 소개한다 해도 두꺼운 책 2권 이상 분량은 될 듯하다. 학이사 신중현 사장님께서 빨리 원고를 달라고 하나 각 탐매처마다 매화 사진 등 약간 미진한 부분이 있어 미루어 왔다. 매화숲 조성에 따른 노동으로 몸이 많이 피로하기도 했다.

현재까지 원고 정리가 어느 정도 마무리된 중국의 매화정원 70여 곳 중 11곳을 선정하였다. 중국의 탐매처 중 꼭 보아야 할 곳을 추린 것이다. 우리나라와 비행기로 연결이 잘 되는 곳을 선정하였다. 아름다운 매화들을 실컷 볼 수 있는 곳들이다.

가보지도 못한 채 소개한 곳도 있다. 한 곳이 광둥성 증성현 부라(廣東增城縣傅羅)에 있는 나부산(羅浮山)이다. 나부(羅浮)라는 지명은 매화를 칭하는 단어, 즉 매화의

고불매 (사진_정옥임)

상징어가 되었다. 애매가들에게 널리 애송되는 "옥설처럼 흰 몸과 얼음처럼 차가운 넋[옥설위골빙위혼(玉雪爲骨冰爲魂)]"이라는 구절도 이곳에서 연유한다. 이곳과 가까운 유계하(流溪河)에는 갔지만 이곳을 포기한 기억이 있다. 지금 나부산에는 "동파정(東坡亭)은 있으나 매화가 없어 너무나 실망하였다."라는 글을[7] 읽었기 때문이다. 그래도 꼭 보아야 할 곳이며, 조사 후 소개할까도 생각하였지만 언제 갈 수 있을는지 몰라 자료만 간략히 소개하였다.

저장성[浙江省] 제기시(諸暨市) 풍교진(楓橋鎮) 구리산(九里山), 즉 원(元)나라 시인 왕면(王冕) 은거지 역시 가보지도 못한 채 글을 올렸다. 왕면이 매화나무 천 그루를 심고 '매화옥(梅花屋)'이라는 모옥(茅屋)을 짓고 살면서 천하에 이름을 드높였던 「묵매(墨梅)」라는 작품을 남긴 곳이다. 긴 세월 왕면의 은거지는 흔적 없이 사라졌는데, 2006년 경 60만 위안을 들여 사합원(四合院) 형식으로 새로이 짓고 백운암(白雲庵)이라 불렀다는 기사를 읽었다. 매화도 심고 매화옥(梅花屋)과 세연지(洗硯池)를 복원하였지만 그 후 돌보지 않아 많이 허물어졌다는 보도를 보았다. 2019년 3월 탐매 여행차 묵은 상하이의 한 호텔에서. 시간이 허락한다면 꼭 한 번 들려야 겠다고 생각은 하지만 그때 책에 소개하기란 쉽지 않을 것 같아 이 두 곳을 포함시켰다.

쑤저우[蘇州]의 고전원림(古典園林) 중 세계유산으로 지정된 곳은 모두 아홉 곳이

7) 이동선 2013 『아로마 탐험길: 개권일락』 p336

늘인 매화숲

다. 이 중 한 곳인 망사원(網師園)도 소개한다. 물론 탐매처라고 이야기하긴 힘들지만 이곳에서 활동한 고 장대천(張大千 : 1899~1983) 화백을 소개하기 위해서이다. 장대천은 "세계근대회화사의 위대한 화가, 20세기 중국회화사의 영혼불멸의 인재로 중국에서 국보(國寶)로 불리는" 화가이다. 말년을 보낸 대만의 고궁박물관 옆 자택 정원을 매구(梅丘)라 부를 정도로 매화를 사랑한 사람이다.

쑤저우의 고전원림 중 세계유산으로 지정되지는 않았지만, 100그루의 매화가 심겨 있고, 매화청(梅花廳)이라 부르기도 하는 서월헌(鋤月軒)이란 건물도 만든 곳이 있다. 바로 이원(怡園)이다. 이것도 포함시켰다.

이어서 『매화 찾아 세계로 Ⅱ-중국의 탐매명소 ②』라는 제목으로 출간하려 한다. 이번에 소개드리지 못한 명소 중 꼭 가 보셨으면 하는 탐매지를 추려서 소개할 것이다. 베이징(北京市) 영봉매림(靈峰梅林), 베이징 식물원(北京植物園) 등이 포함될 예정이다. 저장성[浙江省]의 경우, 초산(超山)과 고산(孤山)만 소개드렸다. 항주식물원 영봉(靈峰)과 서계(西溪濕地梅園) 역시 탐매객이라면 꼭 찾아야 할 곳이기에 이들도 소개하겠다. 남경 매화산(梅花山)과 우시시[無錫市] 영씨매원, 쑤저우시[蘇州市] 몇 곳만 소개 드린 장수성[江蘇省]의 경우, 새로이 찾아야 할 곳이 10여 곳이 넘는다. 우화대(雨花台), 광복매원(光福梅園), 고림공원(古林公園) 등도 포함되었으면 한다, 쓰촨성[四川省]의 두보초당(杜甫草堂)은 이 책에 소개하였지만 행복매림(幸福梅林)도

도산서원 매화원(梅花園)

포함시키고 싶다. 매원을 관광지로 만들어둔 중국인들의 기질을 볼 수 있는 곳이기 때문이다. 윈난성[雲南省]에도 명매들과 탐매 명소들이 많다. 그 중 흑룡담공원(黑龍潭公園)은 중국의 10대 명원에 자주 포함된다. 서산에 있는 여러 사찰에는 고매들이 많이 남아있다. 구이저우성[貴州省] 리보[荔波]와 광뚱성[廣東省] 광주류계화(廣州流溪湖)에도 탐매 명소들이 있다. 이들 중 대부분을 2권에 소개하려 한다.

상하이[上海市]의 탐매 명소는 따로 엮을 것이다. 대관원(大觀園), 신장공원(莘莊公園), 동방녹주(東方綠舟) 등이 중국 10대 매원에 간혹 포함된다. 그렇지만 이들보다 더 아름다운 매화관상지도 많이 있다. 1930년 만든 신장공원(莘莊公園) 가까이 신장매원(莘莊梅園, 117.000㎡)을 2015년 만들었다고 한다. 최근 금산구 주경진 대경촌 수경(金山區朱涇鎮待涇村秀涇)에 만든 화개해상생태원 주경매원(花開海上生態園朱涇梅園, 20만㎡)과 포동신구 금수로(浦東新區錦繡路)의 세기공원(世紀公園, 140.3hm²)은 입이 쩍 벌어지는 규모이다. 비록 시가지 중심에 위치하여 좁은 면적이지만 입을 다물지 못할 정도로 잘 꾸며 둔 곳도 있다. 매천공원(梅川公園)과 정안조소공원(靜安彫塑公園)이 그 대표적이다. 이를 『매화 찾아 세계로 Ⅲ-중국의 탐매 명소 ③ 상하이의 탐매 명소』라는 제목으로 출간할 예정이다.

이어서 일본과 대만 베트남에 이르기까지 내가 본 매화들을 소개하고 싶다. 마지막으로 한국의 명매와 정매들을 소개드리겠다. 아마 다음과 같은 제목과 순서로 간행될

절우사(節友社) 터

것이다.

매화 찾아 세계로 Ⅰ-중국의 탐매 명소 ①

매화 찾아 세계로 Ⅱ-중국의 탐매 명소 ②

매화 찾아 세계로 Ⅲ-중국 ③ 상하이의 탐매 명소

매화 찾아 세계로 Ⅳ-① 일본

매화 찾아 세계로 Ⅴ-② 대만 기타

매화 찾아 세계로 Ⅵ-한국

매화 찾아 세계로 Ⅶ-한국

자료수집과 원고 정리가 대부분 2/3 이상 되었다. 그러나 '눌인매화숲' 조성이 우선인지라 마무리할 시간이 많지 않다. 그래도 최선을 다해서 빨리 끝내려고 한다.

혼자의 힘으로 간행할 수는 없었다. 설렘 가득 탐매 여행을 떠나곤 하지만 고행이라 느껴질 때가 한두 번이 아니었다. 중국의 경우는 더 그리하였다. 억지로 찾아갔지만 머물 곳도 돌아올 차편도 막막하였던 적이 한두 번 아니었다. 원활하지 않은 대중교통, 서툰 중국어 실력, 정확하지 않은 사전조사 자료집 등은 오지 깊숙이 숨어있는 명매들을 찾아가기 힘들게 하였다.

남명매(南冥梅)

많은 분들의 격려가 있었다. 지치고 힘들 때마다 격려와 채찍질해 주셨던 강신표은사님께 먼저 큰절 올립니다. 숲과 문화학교 강영란 교장 선생님의 격려도 잊을 수 없다. '매화를 사랑하는 사람들', '식물정원', '필드워커', '한을회'를 비롯한 여러 밴드 친구들의 격려도 큰 힘이 되었다. 원고를 꼼꼼히 읽어주시고 귀한 시간을 내어 교정(특히 한자)을 해 주신 전일주 박사님, 한국문화재연구원의 김경호 원장님을 위시한 한국문화재 연구원과 한라문화재 연구원 여러분들에게도 감사 인사를 올린다.

동행해 주시고 자료정리에 도움을 주신 여러분들이 계셨기에 가능하였던 일이다. 문화재지키기 시민모임 활동을 같이한 김계숙 공동대표님과 일행 분들, 매화 사진을 특히 잘 찍는 임현숙 관장님, 자료정리를 도맡아 주신 이정애 실장님. 싫은 내색 않고 지켜봐 준 가족들도 마찬가지이다. 사랑하는 애제자 최장근 대구대 교수, 우리나라 독도문제 전문가이지만 혹매가가 되어 항상 응원해 주고 있다. 모두 고마운 분들이다.

2020년 3월

눌인매화숲에서 양도영 올림

목차

매화 재배의 시발점 대유령大庾嶺

장시성[江西省]과 광둥성[廣東省]의 경계

대유령은 중국 남부 장시성 다위현과 광둥성의 경계를 이루는 산맥으로 해발 1,000m, 최고봉 1,073m이다. '다위산맥[大余山脈]'이라고도 한다. 육조 혜능(六祖慧能)스님이 넘은 것으로 유명하며 중국 5대 준령 중 하나이다.

원래 이름은 비홍산(飛鴻山)이었는데 서한 말년 남창현 현위(縣尉)를 지낸 매복위(梅福爲)가 왕망(王網)의 난을 피하여 은둔하였을 때 이곳에 매선단(梅仙壇)과 매선관(梅仙觀)을 지으면서 이름을 매령(梅嶺)으로 바꾸었다고 한다. 당조 이래 왕안석 등 5명의 승상과 구양수 황정견 등 문학가가 이 고개를 지나갔다.

당 현종 때 재상 장구령(張九齡 : 678 ~ 740)은 대유령에 관통로를 열고 매화나무를 심어, 오고 가는 길손으로 하여금 여수(旅愁)를 달래게 하였다. 그리고는 다음 글을 남겼다.

'대유령상매화(大庾嶺上梅花), 남지이락(南枝已落), 북지미개(北枝未開), 한난지후이야(寒暖之候異也)'

대유령 매화는 남쪽 가지 꽃은 시들어 떨어졌는데, 북쪽 가지 꽃은 아직 피지도 않았으니 대유령이 얼마나 높고 험한가 하는 사실과 이 고개를 중심으로 남과 북의 기온 차이가 많이 나타남을 보여준다.

이후 대유령에 더 많은 매화를 심었고, 그 결과 매화를 사랑하는 사람들이 즐겨 찾

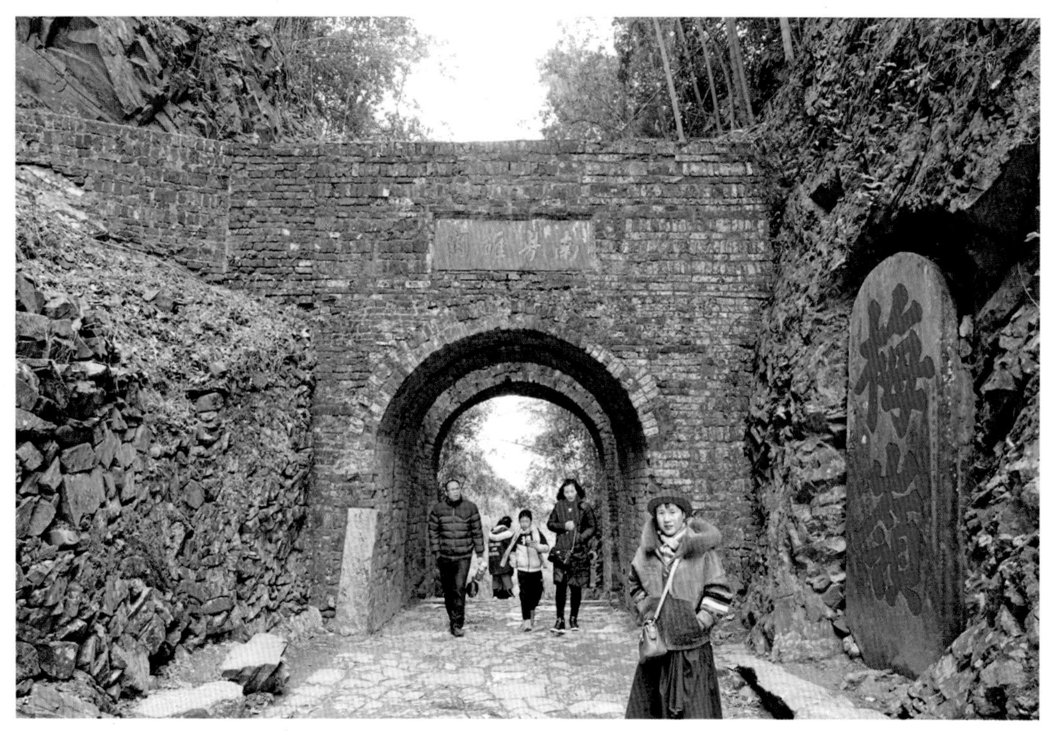

당 현종 때 재상 장구령과 매령

는 명소가 되었다. 송(宋) 문종(文宗) 때 채정(蔡挺)이 다시 관문을 열고 이곳에 메이관[梅關]을 두었고 표석을 세웠기 때문에 메이링관[Meiling Kuan, 梅嶺關]이라고도 불렀으며, 샤오메이관[小梅關]이라고도 한다. 샤오메이관은 지세가 넓고 평탄해 산맥의 남북을 이어준다. 지금은 웨간[粤贛] 고속도로[1]가 이곳을 지나기 때문에 남북교통의 요지가 되고 있다. 이 대유령을 읊은 많은 시가 전하는데, 그중 몇 수를 소개한다.

당(唐) 이교(李嶠 : 645? ~ 714?)의 「매(梅)」

大庾斂寒光 대유렴한광　　대유령 겨울 빛이 걷히고
南枝獨早芳 남지독조방　　남쪽가지 홀로 꽃 피었네
雪含朝暝色 설함조명색　　눈은 아침 햇살 머금었는데
風引去來香 풍인거래향　　바람에 끌려 향기는 오고 가네

당(唐) 송지문(宋之問 : 656? ~ 712)의 「대유령 북역에서 시를 짓다(題大庾嶺北驛)」

1) 광동성 허위엔(和源)시에서 장시[江西]성 간저우[贛州]를 연결하는 고속도로

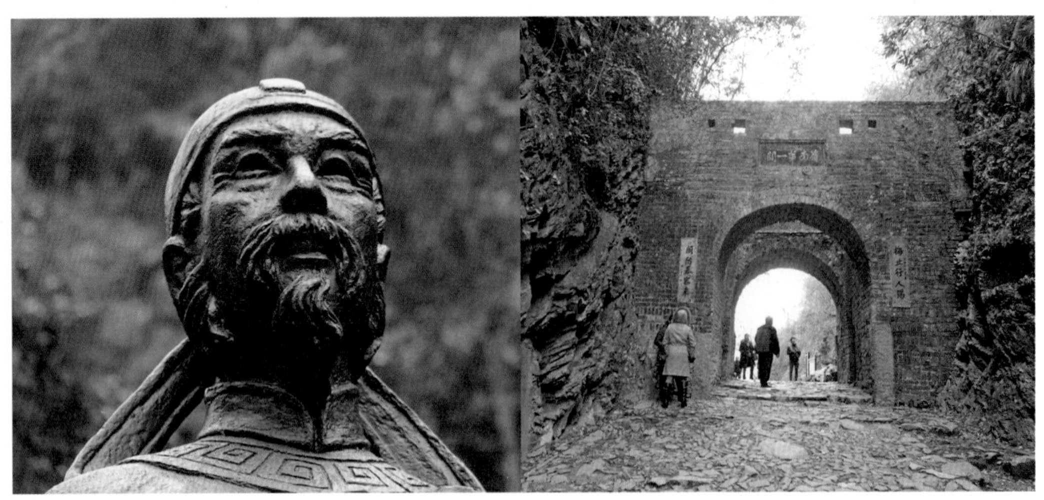

陽月南飛雁 양월남비안　　시월에 남으로 날아가는 기러기
傳聞至此回 전문지차회　　들으니, 여기에 와서는 돌아간다고 말하네
我行殊未已 아행수미이　　내 가는 길 아직 끝나지 않았으니
何日復歸來 하일복귀내　　어느 날 다시 돌아가나
江靜潮初落 강정조초락　　강은 고요한데 조수는 막 떨어지고
林昏瘴不開 임혼장부개　　숲은 어둑하여 장기는 아직 열리지 않았네
明朝望鄕處 명조망향처　　다음 날 아침 고향 있는 곳을 바라보면
應見隴頭梅 응견롱두매　　응당 고갯마루의 매화를 보리라

두보(杜甫)의 「팔애시(八哀詩)」[2] 8수 중 「고우복야상국장공구령(故右僕射相國張公九齡)」이라는 시가 있다. 그중에도 대유령이 나타난다.

波濤良史筆 파도양사필　　물결 같은 그의 어진 사필이,
無絕大庾嶺 무절대유령　　대유령에만 그쳐버리지 않으리라

당나라 소식(蘇軾)의 「증영상매(贈嶺上梅)」라는 시에서도 보인다.

梅花開盡白花開 매화개진백화개　　매화 피었다 진 뒤 하얀꽃 피었네
過盡行人君不來 과진행인군불래　　모든 사람 지나가도 그대는 오지 않네

2) 당(唐) 두보(杜甫)는 왕사례(王思禮), 이광필(李光弼), 엄무(嚴武), 이진(李璡), 이옹(李邕), 소원명(蘇源明), 정건(鄭虔), 장구령(張九齡) 8명을 애도하는 시, 즉 팔애시(八哀詩)를 남겼다. 그중의 하나이다.

不趁青梅嘗煮酒 부진청매상자주　　청매실로 담근 술 맛보지 못한다면
要看細雨熟黃梅 요간세우숙황매　　보슬비에 익어가는 황매라도 봐야겠네

동파는 예순이 다 된 1094년 9월 광동성(廣東省) 혜주(惠州)로 유배를 갈 때 이 고개를 넘었다. 1100년 정월 초나흘 귀양살이를 마치고 돌아오는 길에도 이 고개를 넘었는데, 이미 매화가 지고 있을 때이다. 꽃을 보지 못해 아쉬움을 달래며 지은 시이다.

우리나라의 경우, 이규보(李奎報 : 1168 ~1241)의 시 「매화(梅花)」에도 나타난다.

庾嶺侵寒折凍脣 유령침한절동순　　유령에 추위 닥쳐 입술 얼어 터져도,
不將紅粉損天眞 부장홍분손천진　　연지와 분을 발라 순진함을 잃지 않네

2018년 1월 28일 저녁 이곳을 찾았다. 전날 광조우에 도착하자마자 찾은 곳은 유계화였다. 중국 4대 매원에 여러 차례 뽑힌 곳이다. 그런데 꽃은 벌써 졌고 매실이 나무마다 수북이 맺혀있었다.

주희(朱熹)의 등매령(登梅嶺) 시비(詩碑) 去路霜威勁, 歸程雪意深。往還無幾日, 景物變千林。曉磴初移屐, 密雲欲滿襟。玉梅疏半落, 猶足慰幽尋

秋發庾嶺
湯顯祖
楓葉沾秋影涼蟬隱夕暉梧雲
初暗靄花露欲霏微嶺色隨行
棹江光滿客衣排徊今夜月孤
鵲正南飛
湯顯祖（1550－－1616）字義仍，號若士、海若，清遠道人。臨州（今屬江西撫州）人。明萬歷十一年（1583）進士，歷官南京太常博士、禮部主事。后被貶徐聞典史，再調任浙江遂昌知縣。他是戲曲大家，以《牡丹亭》等"四夢"蜚聲劇壇，詩秀逸清勁。著有《玉茗堂集》等。在中國乃至世界文學史上都有着重要的地位，被譽爲"東方的莎士比亞"。
《秋發庾嶺》作于明萬歷十九年（1591），時湯顯祖因上書抨擊朝政，被貶爲徐聞典史，赴任途經大庾嶺。詩從傍晚寫起，説在夕陽的照耀中，楓葉已經發紅，蟬聲消歇，點明節令。次聯寫兩岸景物，一句寫遠處，樹影與雲相接，暮靄深沉；一句寫近處，江花帶露，漸漸迷蒙。"初"、"欲"二字，使静態的景物，帶上時光流逝的動感，充滿情趣。第三句寫行，以自己的感受爲中心，描述兩岸風光不斷變异，流露興奮心情。最后，詩用冷月孤鵲作一收束，一語雙關，隱伏自己遭到貶謫的感慨，面對這蒼茫的暮色，湯顯祖不由得心潮難抑，寫下了這首不朽的詩篇。

广东南雄珠玑古巷·梅关古道旅游区
Guangdong Nanxiong Zhuji Ancient Alley, Mei Pass Ancient Road Scenic Area
広東南雄珠玑古道、梅関古道観光地
赏梅宝典
Plum-blossom Appreciating Code
梅の観賞宝典 Pengumpulan maklumat
梅花以含苞欲放之时为佳，故每年惊蛰前后为赏梅的
时机。梅花的类型、花型、株型各不相同，过早含苞
；迟了落英缤纷。古人认为"花是将开未开好"，即
花含苞欲放之时为佳，故名"探梅"。中国人看花，
随意，似乎走马观花，跑马看花也就可以了，唯独对
是个例外。不但看，还要赏，还要探，还要寻。而
对观梅、赏梅的环境氛围还极其讲究。
赏梅"三知"
知色：梅花以绿与墨为名贵。但人们在观赏时多喜欢
、白、黄三种颜色，因"红梅"花形极美，花香浓
"绿萼梅"花色白，香味袭人，久看目不困倦，且引
胜，让人流连忘返。
知形：梅株以"梅不盈十尺"为美，即枝干繁茂、粗
称、高矮适中。其株形分为柔伞、宝塔、蓬松等。其
态不一，有俯、仰、侧、依、盼等。梅以曲为美，直
姿，以疏为美，密则无态。梅花品种甚多，其中金钱
、骨红垂枝、早凝馨、大羽、龙游等梅中珍品。
知香：梅花不仅型美、色美，而且还有香味美。梅花
的香味，倘若你不仔细品捉是难以闻到的。赏梅时节，
在百梅丛中，细品梅香有清醒提神解乏，润气之功效，
如"赏梅人儿花间走，花攀衣袖步生香。"
距离下个景点(夫人庙)200米
距离关楼600米
咨询电话 0751-3868618
投诉电话 0751-3822010
急救电话 0751-3591765
梅关古道导游图
Meiguan Road guide map
Meiguan Roadガイドマップ Peta panduan Jalan Meiguan
关楼
两江亭
张九龄铜像
禅树
状元村（祈福台）
饮马槽
东坡树
佳靖碑文
元帅岭
红军战壕六祖寺
衣钵亭
挂角寺
旅游公厕
驿道古桥
腊月园
诗碑
半山亭
玉皇宝殿
观音大士殿
夫人庙
汤显祖诗
北伐军出师处
疏影潭
旅游公厕
来雁亭
南雄旅游景点里程图
梅关
15KM
珠玑
5KM
南雄
90KM
韶关
200KM
广州
图例
当前位置
景点
旅游公厕
售票大厅
咨询电话 0751-3868618
投诉电话 0751-3822010
急救电话 0751-3591765
嶺南
梅園

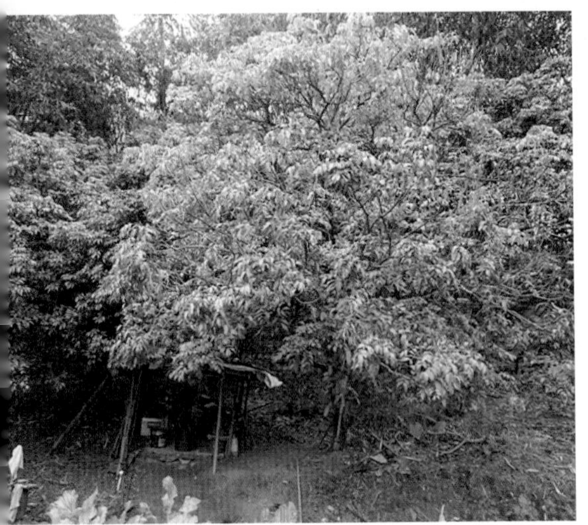

TIP _ 광동성의 유명 탐매지

중국의 최남단 광동성에는 대유령 외에 유명한 탐매처가 여럿 있다. 소동파의 시 "나부산 아래 매화촌, 옥설의 골격에 빙상(氷霜)의 넋이다." 라고 풀이되는 증성현 나부산(廣東增城縣羅浮山)이 그중 하나이다. 이 책에 소개한다.

류계화(流溪河)는 중국 4대 명매원에 여러 차례 뽑힌 곳이다. 2018년 1월 27일 광저우[廣州]에 도착하자마자 찾은 곳이었다. 그런데 꽃은 벌써 졌고 매실이 나무마다 수북이 맺혀있었다.

또 한 곳은 나강형설(蘿崗香雪, Luogang xiangxue)이다. 당초 이곳에서 키우던 매화들은 도로개설과 도시건설에 밀려 류시하로 이식되었다. 10여 년 전 이곳에 다시 매원을 조성키로 하였는데, 새로 건설될 예정부지 170헥타르(514,000평) 중 13헥타르는 2006년 완공되었고 나머지 공사도 계속하고 있다.

TIP _ 대유령 – 한국불교 조계종의 뿌리를 찾아가는 곳

오늘날 한국불교(韓國佛敎)의 주류를 이루는 것은 선사상(禪思想)이다. 신라 후기 선사상이 우리나라에 유입될 당시 불교에는 많은 전통들이 있었는데, 이 중 교학(敎學)을 중심으로 하는 불교 전통은 국가의 지원을 받으면서 꽃피고 있었다. 9세기경 지방 세력이 크게 성장하면서 지방 호족들은 왕족의 절대 권력을 정당화하는 교종보다는 선종을 그들의 이념으로 삼았다. 선종은 누구나 불성이 있으며, 그것을 깨달으면 누구든지 부처가 될 수 있다는 사상이다.

당나라와의 교역이 활발히 이루어졌을 당시 그곳에 간 많은 승려들이 중국의 선불교를 전수받고 돌아와 산문(山門)을 열어 선(禪)을 전수하였다. 선이 들어 온 것은 외국인에 의한 전래가 아니라 신라인이 입당(入唐)하여 가져왔기에 우리나라로의 선 유입을 '입당전심(入唐傳心)'이라고 한다. 당시 중국의 선은 북종선(北宗禪)과 남종선(南宗禪)으로 나뉘어져 있었으나 북종선은 그 맥이 끊어졌고, 남종선 육조(六祖) 혜능(慧能)의 법을 받아 돌아왔기 때문에 대한불교 조계종의 법맥은 육조 혜능(六祖慧能:638～713)을 이었다고 말할 수 있다.

조계종의 헌법이라고 할 수 있는 종헌은 이렇게 시작된다.

대유령 육조사 입구

대유령 육조사 의발정 비기

대유령 육조사에 봉안된 육조혜능

"공유(恭惟)컨대 아(我) 종조(宗祖) 도의(道義) 국사께서 조계(曹溪)의 정통법인(正統法印)을 사승(嗣承)하사 가지(迦智) 영역(靈域)에서 종당(宗幢)을 게양하심으로부터 구산문(九山門)이 열개(列開)하고 오교파(五敎派)가 병립(竝立)하여 선풍교학(禪風敎學)이 근역(槿域)에 미만(彌漫)하였더니…"

그리고 종헌의 처음 장에는 이와 같이 명시되어 있다.

제1조 본종은 대한불교 조계종이라 칭한다. 본종은 신라 도의(道義) 국사가 창수(創樹)한 가지산문(迦智山門)에서 기원하여 고려 보조(普照)국사의 중천(重闡)을 거쳐 태고 보우(太古普愚)국사의 제종포섭으로서 조계종(曹溪宗)이라 공칭하여 이후 그 종풍이 면면부절한 것이다.

대유령에는 육조혜능 스님과 관련된 유적과 유물이 많이 남아 있다. 그 대표적인 것이 혜능이 달마대사의 가사와 발우를 얹어둔 바위 의발석(衣鉢石)이다.

또 가까운 소관(韶關)시 곡강(曲江)현에는 조씨(曹氏)들이 사는 계곡(溪谷)마을이 있다. 조계(曹溪)마을인데, 이곳의 남화사(南華寺, 옛 보림사)에는 영조탑(靈照塔)과 육조전(六祖殿)이 있다. 영조탑은 당 개원 6년(718) 혜능이 입적한 지 5년 뒤에 세운 것으로 원래 대사의 진신(眞身)과 생전에 쓰던 용기 등을 소장하여 일명 육조탑이라고도 했다. 우리나라 불교 조계종의 종조 도의선사가 이곳에서 참배할 때 "조계에 이르러 조사당에 예배하려 하자 문빗장이 저절로 열렸다. 세 번 절하고 나오니 문이 저절로 열리기가 전과 같았다"고 『조당집』에 전한다. 이 탑은 후에 습기가 차고 또한 무너질 위험이 있어 바로 뒤뜰에 육조전을 따로 짓고 진신(眞身)을 옮겼다고 한다. 지금의 육조전에는 세 분 스님의 진신이 모셔져 있다. 육조 좌우에 명대의 고승 감산덕청(憨山德清:1546~1622)과 단전(丹田:1535 ~ 1614)이 시좌한다.

대유령과 소관시 남화사, 그리고 대감선사(大鑑禪寺)는 한국불교의 뿌리를 찾는데 중요한 곳이라서인지 순례객들의 발자취가 끊어지지 않는다.

대유령 육조사 의발정

대유령 육조사에 봉안된 육조혜능

1	2
3	4	5
6		

1 _ 남화사 입구
2 _ 남화사 입구
3 _ 대감선사
4 _ 남화사 육조전
5 _ 육조전에 모셔진 혜능선사 등신불
6 _ 남화사 매화

매화신선이 놀던 나부산羅浮山

광동성(廣東省) 증성현(增城縣)

광동성 증성현 부라(廣東增城縣傅羅)에는 나부산(羅浮山)이란 명산이 있다. 중국 10대 명산(名山)[3] 중 하나이기도 하다. 진(晉)의 갈홍(葛洪)이 선술(仙術)을 얻었다고 전해지는 곳이기도 하다. 당(唐) 유종원(柳宗元)이 용성(龍城)에서 귀양살이를 할 때 사대부들의 이야기들을 모아 쓴 『용성록龍城錄』에는 다음과 같은 기록이 있다.

3) 보통 중국 10대 명산이라 함은 태산(泰山), 안휘성(安徽省) 황산(黃山), 사천성(四川省) 아미산(峨眉山), 강서성(江西省) 여산(廬山), 초몰랑마봉(珠穆朗瑪峰-에베레스트산), 길림성(吉林省) 장백산(長白山), 섬서성(陝西省) 화산(華山), 복건성(福建省) 무이산(武夷山), 산서성(山西省) 오대산(五臺山), 대만 옥산(玉山)을 꼽는다. 간혹 이곳 나부산(羅浮山)과 절강성(浙江省) 안탕산(雁蕩山)이 포함되는 경우도 있다.

저자의 카메라에 포착된 물총새 (중국무석 영씨매원)

「조사웅취게매화하(趙師雄醉憩梅花下)」	조사웅이 술에 취해 매화나무 밑에서 쉬다
隋開皇中趙師雄遷羅浮 수개황중조사웅천나부	수나라 개황연간에 조사웅이 나부산을 돌아보았는데
一日天寒日暮在醉醒間 일일천한일모재취성간	추운 날 해 질 무렵 술에 취해서
因憩僕車於松竹林間 인게복거어송죽임간	소나무와 대나무가 있는 숲에서 쉬고 있었는데
酒肆旁舍 주사방사	술 파는 집 옆에 집이 있었다.
見一女人 견일여인	한 여인을 보았는데
淡妝素服出迓師雄 담장소복출아사웅	말쑥하게 차려 입고 나와 사웅을 맞아주었다.
時已昏黑 시이혼흑	이미 해가 져서 어둑하였는데
殘雪對月色微明 잔설대월색미명	잔설이 쏟아져 달빛만 희미하였다.
師雄喜之與之語 사웅희지여지어	사웅이 기뻐하며 말을 나누었는데
但覺芳香襲人語極淸麗 단각방향습인어극청려	여인에게서는 향기가 풍겼고 말이 대단히 맑고 아름다웠다.
因與之叩酒家門 인여지고주가문	그녀와 함께 술집의 문을 두드려
得數杯相與飮 득수배상여음	술 몇 잔을 시켜 함께 마셨다.
少頃有一綠衣童來 소경유일녹의동래	조금 지나서 푸른 옷을 입은 동자가 오더니
笑歌戲舞亦自可觀 소가희무역자가관	웃으며 노래하고 춤 추었는데 또한 진실로 볼만하였다.
頃醉寢思雄亦懞然但覺風寒相襲 경취침사웅역몽연단각풍한상습	술에 취해 잠든 사웅은 아무것도 모르다가 바람과 찬 기운에 잠이 깼다.
久之時東方已白 구지시동방이백	얼마나 시간이 흘렀는지 동쪽 하늘이 환히 밝아지고 있었다.
思雄起視乃在大梅花樹下 사웅기시내재대매화수하	사웅이 일어나서 보았더니 큰 매화나무 밑이었는데

上有翠羽啾嘈相顧 상유취우추조상고	위에서는 비취새들이 돌아보며 시끄럽게 지저귀고 있었고
月落參橫但惆悵而已 월락삼횡단추창이이	달은 지고 삼성(參星)[4]도 기울어 다만 쓸쓸한 마음뿐이었다

즉 "수나라 조사웅(趙師雄)이 나부산(羅浮山)을 구경하다가 해가 지고 추워서 민가를 찾았다. 솔밭 사이로 불빛이 보여 내려갔다. 그런데 소복담장(素服淡粧)한 미인이 마중을 나오며 맞이하였다. 잔설이 얼어붙은 위로 달빛이 희미하게 비치었다. 여인의 말씨는 몹시 청아하고, 향기로운 냄새는 방 안에 가득하였다. 술을 즐기는데, 홀연히 한 푸른 옷을 입은 동자(綠衣童子)가 나와 춤과 노래로 취흥을 돋우었다. 취해 쓰러져 잤는데 추위를 느껴 깨어보니 큰 매화나무 아래에 누워 있었고, 푸른 새가 지저귀고 있었다."는 내용이다. 이를 '나부지몽(羅浮之夢)'이라 하는데 많은 시가 전한다.

4) 이십 팔수(二十八宿)의 스물한 번째 별자리의 별들. 오리온 자리에 있다.

남송(南宋)의 구원(仇遠 : 1247 ~ 1326)

空山月落春風換 공산월락춘풍환　　빈 산에 달 지니 봄바람 바뀌어,
直作羅浮夢裏看 직작나부몽리간　　곧바로 나부산을 꿈속에서 보게 되네

강희맹(姜希孟 : 1424 ~ 1483)은 「영매(詠梅)」라는 시에서

黃昏籬落見橫枝 황혼이락견횡지　　어둘 녘 울타리 위로 늘어진 가지 보고서
緩步尋香到水湄 완보심향도수미　　느린 걸음 향내 찾아 물가에 와 닿으니,
千載羅浮一輪月 천재나부일륜월　　천년의 나부산(羅浮山) 둥근 달이
至今來照夢回時 지금내조몽회시　　지금 와서 비치니 꿈 깨일 때 이로세.

명(明) 팽대익(彭大翼)이 1595년 찬한 『산당사고(山堂肆考) 26권』에는

"惠州府 博羅縣 羅浮山 飛雲峯之側 有梅花村 蘇東坡詩 羅浮山下梅花村 玉雪為骨冰為魂" 이라는 구절이 나온다. 즉

"혜주부 박라현 나부산 비운봉 곁에 매화촌이 있다. 소동파의 시에는 나부산 아래 매화촌, 옥설의 골격에 빙상(氷霜)의 넋이다."

그 뒤 나부(羅浮)라는 지명은 매화를 칭하는 단어, 즉 매화 상징어가 되었다. 또한 "옥설처럼 흰 몸과 얼음처럼 차가운 넋[옥설위골빙위혼(玉雪爲骨冰爲魂)]"이라는 구절도 널리 애송되고 있다.

그런데 나부산을 가보았으나 매화가 없었다며 다음과 같이 기술하고 있다.[5)]

러푸샨에는 동파정(東坡亭 Dongpoting)은 있으나 매화가 없어 너무나 실망하였다. 나부산하 매화촌은 옛날 얘기일 뿐이었다.

광저우 동쪽 동관(동완 : 東莞, Dongguan)을 거쳐 휘조우(혜주 : 惠州, Huizhou)로 가는 광휘(광혜 : 廣惠) 고속도로상의 58km 지점에 뤄푸샨 톨게이트가 나오고 직선도로를 4km 정도 달리면 뤄푸샨 펑징밍성취 (나부산 풍경 명승구 : 羅浮山風景名勝區, Luofushan feng jing ming sheng qu) 주밍동(주명동 : 朱明洞, Zhumingdong) 경구 출입문에 이른다. 뤄푸샨의 정상은 해발 1,115m의 비운정(飛雲頂, Fei Yun

5) 2006년 1월 羅浮山을 다녀온 이동선의 글(아로마탐험기) 참조

ご挨拶
観光客の皆さま、本日はようこそ！
国宝瑠璃光寺五重塔へご参拝下さ
りありがとうございます。
心より御礼申し上げます。
五重塔池よりご挨拶
申し上げます
カワセミのカワ子より

1 _ 일본 루리코지(瑠璃光寺) 물총새 (2012.3.29.)
2 _ 물총새 설명문
3 _ 일본 국보 고주노토(5층 석탑) 아래 서식한다.
4 _ 루리코지(瑠璃光寺) 물총새 촬영 모습
5 _ 중국 무석 영씨매원 물총새 촬영 모습 (2015. 1. 12)

Deak)이다. 북회귀선이 통과하는 뤄푸샨은 중국 10대 명산의 하나이며 행정구역상으로는 광동성 휘조우시 보뤄(박라 : 博羅, Boluo)현에 속한다.

1600년 전 동진(東晉)시대에 거홍(갈홍 : 葛洪, Gehong)이 세운 충허고관(沖墟古觀, Chongxuguan shrine)이 남아 있고 도교(道教)의 동천복지(洞天福地)로 기도하는 사람들이 많이 찾는다. 충허고관은 항일전쟁 당시 군사령부가 주둔하였다. 1920년대 손문(孫文, Sun Yatsen)이 송경령(宋慶齡, Song Qingling)과 함께 이곳을 유람하였고 1950년대 주은래(Zhou enlai) 등도 이곳을 유람하였다. 세약지(洗藥池 Xiyaochi) 뒤에 동파정(東坡亭, Dongpoting)이 있다. 그 뒤로 임표(林彪), 섭검영(葉劍英) 등의 장군들이 머물렀다는 원수루(元帥樓), 장군루(將軍樓) 등이 남아 있다.

TIP _ 탐매지에서의 물총새 촬영

탐매 여행 중 큰 망원렌즈를 단 카메라가 호숫가에서 줄지어 있는 모습을 간혹 본다. 멀리 있는 푸른새, 즉 물총새를 촬영하기 위해서란다. 나도 일본 루리코지[瑠璃光寺(류리광사)]에서 그들과 함께 물총새를 촬영해 보았다. 나의 렌즈로는 거의 불가능하여 이웃의 렌즈만을 빌려 끼워 촬영하기도 하였다.

루리코지(瑠璃光寺)는 고대 일본 씨족의 하나인 오우치씨[大内氏]의 전성기 문화를 전승하는 사원으로 야마구치를 대표하는 관광명소이다. 무로마치시대[室町時代] 오우치 요시히로[大内義弘]가 현 장소에 고샤쿠지[香積寺]를 창건했다. 에도막부[江戸幕府] 성립 후 이곳 고샤쿠사를 하기[萩] 지방으로 옮겨가고 니호루리코사를 이전하였는데 이것이 현 루리코지이다. 경내에는 국보 고주노토[五重塔]를 중심으로 고잔공원[香山公園]이라 불리는 벚꽃과 매화의 명소가 있다.

중국 최고 매화 시인 임포林逋 은거지 팡허팅[放鶴亭]

저장성[浙江省] 항조우[杭州]

저장성[浙江省] 북부에 있는 도시로 중국인들 사이에서 가장 살기 좋은 도시로 꼽히는 곳이 항조우[杭州]이다. 기후와 물이 좋고 자원이 풍부하며 아름다운 자연경관을 자랑한다. 우리나라 사람들이 즐겨 찾는 관광지이기도 하다. 항저우 최고의 명승지는 서호(西湖)이다. 사자호(四子湖)라고도 한다. 항저우 서쪽에 위치한 면적 약 6.8km, 총 길이 약 15km에 달하는 거대한 인공 호수다. 2천 년 전에는 첸탕 강(钱塘江)의 일부였다. 이름은 중국 4대 절세 미녀 중 한 명인 서시(西施)의 미모에 비견된다 하여 지어진 것이다. 서호는 빼어난 경관으로 많은 예술가들에게 영감을 주었다. 특히 송대 대시인 소동파가 아름다운 서호를 소재로 많은 시를 남겼다. 서호의 대표적인 관광 명소는 서호 10경(西湖十景) 외에도 서호 신 10경(西湖新十景), 영은사(灵隐寺), 절강성박물관, 절강서호미술관 등이 있다.

2011년 서호 주변 3,323㏊가 '항주 서호의 문화경관(杭州西湖的文化的景観 - West Lake Cultural Landscape of Hangzhou'이라는 이름으로 세계문화유산으로 지정되었다. 서호와 이 호수의 3면을 둘러싼 언덕이 문화경관으로 지정된 것이다. 9세기부터 유명 시인들, 학자들, 예술가들에게 영감을 주었던 장소이다. 인공 섬과 둑길뿐 아니라 수많은 사찰, 탑, 멋진 건물, 정원과 관상수가 있으며, 이 모든 것이 항저우의 서쪽부터 양쯔강 남쪽까지의 경관을 더욱 멋지게 만들어 준다. 또 수세기에 걸쳐 중국, 일본, 한국의 정원 설계에 영향을 끼쳤다. 또 인간과 자연의 이상적 조화를 나타내는 일련의 풍경을 조성함으로써 경관을 더욱 개선하려는 중국의 문화적 전통을 보여 주는 뛰어난 증거이기 때문이다.

이곳에는 소동파(蘇東坡 : 1036~1101)가 만들었다는 소제(蘇堤) 등 아름다운 둑길이 몇 있다. 또 중국 최고의 매화 시인 매처학자(梅妻鶴子) 임포(林逋 : 967~1024)가 살던 곳도 있다.

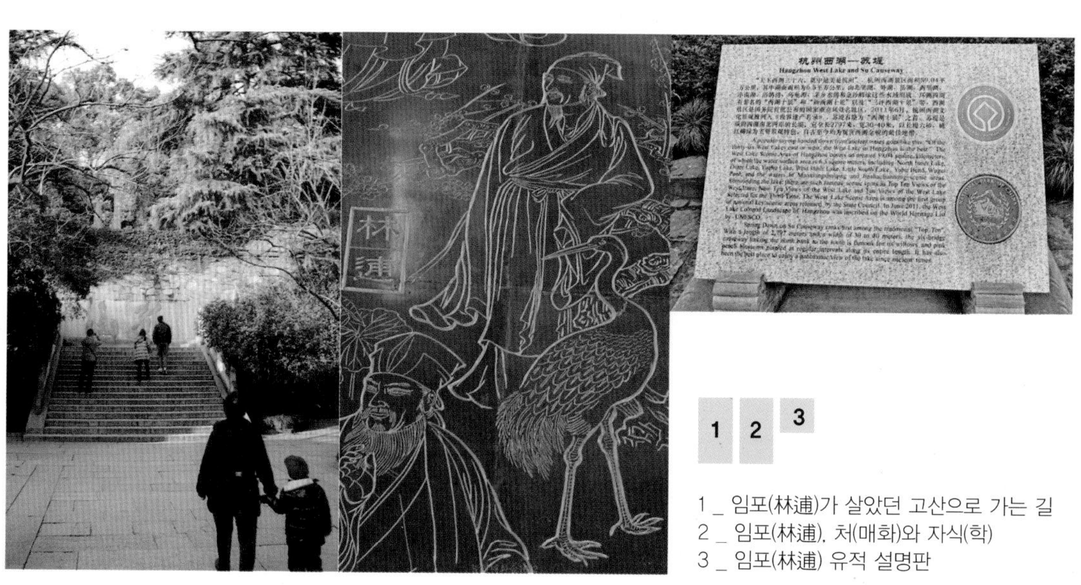

1 2 3

1 _ 임포(林逋)가 살았던 고산으로 가는 길
2 _ 임포(林逋), 처(매화)와 자식(학)
3 _ 임포(林逋) 유적 설명판

절강서호미술관

절강성박물관

서호의 패방

서령인사 입구

팡허팅[放鶴亭]

서호와 그 주변에는 중국의 유명한 탐매지가 여럿 있다. 고산 방학정(孤山放鶴亭) · 항주식물원/영봉(杭州植物園/靈峰) · 서계습지공원(西溪濕地公園) · 욕곡만(浴鵠灣) 등이 그곳이다. 이를 포함한 저장성의 유명한 탐매처를 다음에 간행될 책에 소개하겠다.

서호 북쪽 고산 자락에 초려(草廬)를 짓고 산 임포는 유난히 매화를 사랑해 곳곳에 심어두고 즐거워했다고 한다. 매화 시 중 최고의 절창이라고 여겨지는 「산원소매(山園小梅)」도 이곳에서 나왔다. 이곳에는 방학정(放鶴亭)이라는 정자가 있고, 무학부석각과 임포의 묘소도 있다. 이를 합하여 방학정이라 부르겠다.

임포는 고등학교 국어 교과서에서 다루는 「관동별곡(關東別曲)」[6]에 소개되기에 한국 사람들에게는 꽤 친숙한 이름이다. 그중 임포가 소개된 부분의 원문을 읽어보자.

金금剛강臺대 맨 우層층의 仙션鶴학이 삿기 치니
春츈風풍 玉옥笛뎍聲셩의 첫잠을 깨돗던디,
縞호衣의玄현裳샹이 半반空공의 소소 뜨니,
西셔湖호 녯 主쥬人인을 반겨서 넘노난 닷.

---

6) 관동별곡은 조선 선조 때 정치가이자 시인인 송강(松江) 정철(鄭澈:1536~1593)이 지은 가사(歌詞)이다. 1580년(선조 13년) 송강이 강원도 관찰사로 부임하여, 내·외·해금강(內外海金剛)과 관동팔경(關東八景) 등 절승지를 유람한 후 뛰어난 경치와 그에 따른 감흥을 표현한 작품들로 구성되어 있다. 그 구상·문장이 한국 가사문학의 최고봉을 이루는 명작으로, 『송강가사(松江歌辭)』에 실려 있다.

'서호천하경' 편액　　　　소제(蘇堤) 세계문화유산지정 비

관동별곡 중 만폭동에 이어 금강대(金剛臺)를 노래한 글이다. 여기서 西셔湖호 녯 主쥬人인이 매처학자 임포임은 배웠을 것이다.

매처학자라는 말은 1123년 송(宋)나라 완열(阮閱)이 편집한 시화집인 『시화총귀(詩話總龜)』[7]라는 책 등에서 나타난다. 매화 아내에 학 아들이라는 말로, 속세를 떠나 유유자적하게 풍아(風雅)한 생활을 하는 것을 비유한다.

『시화총귀』에 나타나는 매처학자의 내용은 다음과 같다.

북송의 처사 임포는 평생 동안 장가가지 않고 고요한 가운데 고달픈 삶을 살아간 시인이다. 영리를 구하지 않으려는 성격을 흠모하였는데, 청고하면서 유정한 그의 풍모는 그의 시에서 잘 나타난다. 그는 시명으로 평가되는 것을 꺼려서 지은 시를 많이 버렸고 자신의 시가 후세에 전해질 것을 두려워한 나머지 기록하지도 않았다. 서호 근처 고산에서 은둔생활을 했는데, 호수에 조각배 띄워 근처 절에 가서 노닐었으며, 동자는 학이 나는 것을 보고 객이 온다는 것을 알았다고 한다. 임포는 아내와 자식이 없는 대신 자신이 머물고 있는 곳에 수많은 매화나무를 심어 놓고 학을 기르며 즐겁게 살았다. 그래서 사람들은 임포는 매화 아내에 학 아들을 가지고 있다고 했다. 이

7) 시화(詩話)라는 말은 단편적인 필기(筆記)를 모아놓은 것 같은 형식을 말한다. 시 학습에 편리하도록 항목을 설정하고 그것에 따라 제가(諸家)의 시화를 분류 · 정리한 종합시화서가 나오게 되었는데, 송대에 나온 주요 종합시화서로는 북송 말의 완열(阮閱)이 편찬한 『시화총귀(詩話總龜)』가 대표적이다. 그 외 호자(胡仔)의 「초계어은총화(苕溪漁隱叢話)」와 남송 위경지(魏慶之)가 엮어낸 「시인옥설(詩人玉屑)」 등이 있다. 현존하는 『시화총귀(詩話總龜)』는 명대(明代) 정광(程珖)이 손질하여 간행한 판본은 前集 48권, 後集 50권으로 도합 98권에 이르는데, 전후집 각기 100종의 시화를 토대로 하여 前集 46門, 後集 61門으로 시화를 분류하고 있다.

1 2
3 4
5 6 7

1 _ 방학정 앞에는 납매만 피어 있었다.
2 _ 서호자매(西湖紫梅)
3 _ 납매 앞에서 촬영 중인 중국 여인
4 _ 방학정에서 바라본 서호(西湖)
5 _ 방학정
6 _ 방학정과 학
7 _ 방학정 앞 학과 납매

이후로 후세 사람들은 '매처학자'라는 말을 풍류를 즐기는 생활에 비유하게 되었다.

중국 사서(辭書)인 『사해(辭海)』에서는 다음과 같이 설명하고 있다.

송나라 때의 임포는 항주 서호의 고산에 은거하였는데 부인도 자식도 없었다. 매화를 심고 학을 기르며 스스로 즐겼는데, 사람들은 그를 보고 '매처학자(梅妻鶴子 : 매화로 아내를 삼고 학으로 자식을 삼았다'라고 말했다.

宋代林逋隱居杭州西湖孤山, 無妻無子, 種梅養鶴以自娛, 人稱其梅妻鶴子.

송대 학자 심괄[8](沈括 : 1031～1095)의 『몽계필담(夢溪筆談)』[9]에도 나타난다. 비슷한 내용이다.

林逋隱居杭州孤山, 常畜兩鶴, 縱之則飛入雲霄, 盤旋久之, 復入籠中。逋常泛小艇, 游西湖諸寺。有客至逋所居, 則一童子出應門, 延客坐, 為開籠縱鶴。良久, 逋必棹小船而歸。蓋嘗以鶴飛為驗也。

자(字)가 군복(君復)인 임포(林逋 : 967～1024)는 지금의 항주인 절강(浙江) 전당(錢塘) 사람이다. 유학세가(儒學世家)의 집에서 태어나 젊었을 때 강소성(江蘇省)과 안휘성(安徽省) 일대, 즉 강회(江淮)지방을 유람하다 항주 서호 고산 아래에서 말년을 보내었다. 평생 결혼도 하지 아니하고(不娶無子) 벼슬도 하지 않았다. 시를 읊고 글을 지으며(吟詩作書), 매화나무를 심고 학을 기르며(植梅放鶴) 살았기에 '매처학자(梅妻鶴子)'라 불렸다. 사후 '화정(和靖) 선생'이라는 시호가 내려져 임포(林逋)보다는 임화정(林和靖)이라는 이름으로 더 잘 알려진 사람으로 『임화정집(林和靖集)』이 전해오고 있다.

그가 세상에 널리 알려진 것은 그의 시 「산원소매(山園小梅)」가 널리 회자(膾炙)되면서부터이다. 먼저 시를 한번 읊어보자.

---

8) 박학다식한 통섭학자인 심괄은 수학자이자 공학자, 발명가, 천문학자, 기상학자, 지질학자, 생물학자, 약학자, 시인, 장군, 외교관, 수력학자, 정치가였다. 자는 존중(存中)이요, 호는 몽계장인(夢溪丈人)이었다. 의학서적 『양방(良方)』 등을 저술하였다.

9) 『몽계필담 권10』의 「인사(人事) 2」

1 2

1 _ 산원소매(山園小梅)에 나타나는 매화. 서호자매(西湖紫梅)라 불리는 홍매(紅梅)?
2 _ 오창석(1844~1927) 홍매도(紅梅圖) 상해박물관

「산원소매 山園小梅」 동산의 작은 매화

衆芳搖落獨暄妍	중방요락독훤연	모든 꽃이 흔들려 진 후 홀로 곱게 피어서
占盡風情向小園	점진풍정향소원	작은 동산의 풍광을 모두 차지하고 있네
疎影橫斜水淸淺	소영횡사수청천	성긴 그림자 맑고 얕은 물 위로 살짝 드리워
暗香浮動月黃昏	암향부동월황혼	달빛 어린 황혼 아래 그윽한 매화 향기 만연하네
霜禽欲下先偸眼	상금욕하선투안	겨울새는 내리려고 먼저 주위를 훔쳐보고
粉蝶如知合斷魂	분접여지합단혼	나비들이 알았다면 모든 혼 빼앗겼을 것이네
幸有微吟可相狎	행유미음가상압	다행히 시를 읊조리고 매화를 가까이 할 수 있으니
不須檀板共金樽	부수단판공김준	단판(악기)이나 금 술 항아리 필요 없구나

이 중 많은 사람들이 즐겨 읊조리는 것은 "소영횡사수청천(疏影橫斜水淸淺), 암향부동월황혼(暗香浮動月黃昏)"이란 구절이다. 이 중 '소영횡사'와 '암향부동'이라는 시어(詩語)는 매화를 음영한 모든 시인들에게 회자된 천하의 명구이며 임포의 이름을 영원히 빛나게 한 절창으로 꼽힌다. 암향(暗香)과 소영(疏影)은 중국의 중요한 매원들마다 정자 등 건물 이름으로 사용되는 등 탐매객들이 가장 좋아하는 단어가 되었다.

중국 남송(南宋) 때의 철학자 주희(朱熹)가 여러 문하생들과 좌담한 어록을 편집한 책인 『주자어류(朱子語類)』에도 이 글귀가 나타날 정도이다. 여하튼 중국에서는 답설심매(踏雪尋梅) 고사로 유명한 맹호연(孟浩然 : 689～740)과 더불어 매처학자(梅妻鶴子)로 임화정(林和靖)이 최고의 매화 인물로 알려져 있다.

TIP _ 대영박물관의 중국자기관 전시 법랑채

대영박물관의 '중국자기관'은 펄서벌 데이비드경(Sir Percival David, 21 July 1892～9 October 1964) 기증유물 전시장이다. 이곳에는 1,700점의 중국 도자기가 전시되어있다. 그중 대영박물관 유물 번호(PDF 827～828)인 '매화 그림과 시가 있는 잔'은 자기 한쪽 면에 명문(銘文)이 있다.

月幌見踈影
휘황한 달빛 아래 그림자 얼핏 보이더니
墨池閒暗香
어두운 못가에선 매화향기 흘러나오네

청 옹정(雍正) 시기에 만들어진 법랑채(琺瑯彩)이다. 나는 '청옹정소영암향명묵매법랑채잔(淸雍正踈影暗香銘墨梅琺瑯彩盌)'라 부르겠다. 높이 5.5㎝, 구경 11㎝, 저경 4.2㎝에 불과하다. 크리스티 홍콩 경매에서 130억 원에 거래되었다는 보도가 있었다.

2013년 이 잔을 구입하려고 홍콩 크리시티와 폴리옥션 경매장을 찾았지만 포기한 적이 있었다. 그때보다도 50배 이상 오른 것 같다. 나의 명함에 있는 대영박물관 소장 '소영암향명묵매법랑채잔(踈影暗香銘墨梅琺瑯彩盌)의 사진'

1 · 2 _ 대영박물관의 중국자기관 전시 법랑채잔

Bowls with prunus and poems

Under court instructions, this pair of bowls was decorated in shades of black enamel with prunus (winter-flowering plum) trees, two stanzas each of five characters and with three puce enamel seals. Sir Percival David bought them from Alfred E. Hippisley (AD 1848–1939), a British Customs official in China who translated the poems in AD 1900. The poem 月幌見踈影墨池聞暗香 *(yue huang jian shu ying; mo chi wen an xiang)* can be translated today as 'The moon ripples [and I] see the shadow of a branch moving; at th ink-black pool you can smell the secret fragranc The seal before the stanzas reads 先春 (*xianchu* 'early spring'). The two after the stanzas read 壽古 (*shougu* 'longevity and ancient') and 香清 (*xiangqing* 'fragrant and pure'). The design deri from ink painting. On the bases are four-chara Yongzheng marks in a double square in blue ena

Porcelains: Jingdezhen, Enamels: Beijing
AD 1723–35

PDF 827 and PDF 828

만이 나의 소유이다.

아래는 국립고궁박물원(國立故宮博物院)의 '청 옹정법랑채묵매백지다종(清 雍正 琺瑯彩墨梅白地茶鍾). 유물번호 故瓷008781N000000000 사진이다. 다종이라 하였는데, 보통 다종은 꼭지가 달린 뚜껑이 있고, 잔대(盞臺)의 굽이 높은 찻잔을 말한다.

백자매화분경(白磁梅花盆景)

대영박물관의 펄서벌 데이비드경 기증유물 전시장은 한국관(Room67) 옆에 있는 '중국자기관(Chines ceramics, Room95)'이라는 전시실이다. 그 외에도 많은 도자기들이 전시된 곳이 있다. '33전시실 – 중국, 남아시아, 동남아시아 전시실'에 전시되어 있다.

3 _ 대영박물관 법랑채 설명문
4 · 5 _ 크리스티 홍콩경매에서 130억원에 거래된 법랑채잔

1	2	3
4		5
6	7	8

1 · 2 · 3 _ 홍콩경매장 참관 모습
4 · 5 _ 법랑채잔
6 _ 대만 국립고궁박물관 소장 법랑채잔
7 · 8 _ 백자매화분경

고대 매화 재배의 요충지
등위鄧尉 향설해香雪海

장쑤성[江蘇省] 쑤저우[蘇州]

『완당전집(阮堂全集)』 제9권에 소개된 「감매탄(龕梅歎)」 이란 시를 읊어보자.

園中雜樹多桃李	원중잡수다도이	정원이라 잡목 속엔 복사 오얏 하 많으니
東人栽花且鄙俚	동인재화차비리	동녘 사람 꽃 심는 법 무척이나 촌스럽네
未聞千樹萬樹梅	미문천수만수매	천 그루 만 그루의 매화를 못 들었나
曾與光福羅浮比	증여광복라부비	광복산 나부산과 비등하단 그 소문을
斮査揉枝足傷眞	착사유지족상진	등걸 깎고 가지 휘니 천진이 상코말고
錦廚繡閤徒爲爾	금주수합도위이	금주라 수합 따윈 너를 위해 부질없네
恰似水邊林下人	흡사수변임하인	물가나 수풀 아래 사는 사람 흡사하여
已有高車駟馬恥	이유고거사마치	고거 사마 부끄럼은 전생에 타고난 것
屋煖早見春信通	옥난조견춘신통	집이 따스워 봄소식이 일찌감치 뚫고 드니
絕憎人巧干天理	절증인교간천리	인교로써 천리 침해보다 더 미울 수가
金紙剪月眞可憐	금지전월진가련	금지로 달 오리니 참으로 가련해라
海柚借馥其何美	해유차복기하미	바다유자 향기 빌려 무엇이 아름답노
取燈斜照影始橫	취등사조영시횡	비스듬히 등 비추니 가로 그림자 나고
狎條細嗅香初起	압조세후향초기	가지 곁에 코를 대니 향기 처음 풍기누나
安得小園三百弓	안득소원삼백궁	어찌타 삼백 궁의 작은 동산 얻는다면
徧種梅花而已矣	편종매화이이의	가로 세로 매화만을 옮겨 심고 말겠노라
淸夢時廻西冷橋	청몽시회서냉교	맑은 꿈은 이따금 서냉교로 돌아들고
幽魂欲招武當里	유혼욕초무당리	그윽한 넋은 저 무당리로 부르고자
棲雅流水欲黃昏	서아유수욕황혼	갈가마귀 깃에 들고 물은 흘러 황혼이라
獨立蒼茫情不已	독립창망정불이	아득히 홀로 섰는 이내 정을 어이하리

여기서 광복산(光福山)과 나부산(羅浮山), 서냉교(西冷橋) 등의 지명이 나타난다.

나부산은 광동(廣東) 증성현(增城縣)에 있는데 매화 명소로 앞에서 소개한 바가 있다. 소식의 시에 "나부산하매화촌(羅浮山下梅花村) 옥설위골빙위혼(玉雪爲骨氷爲魂)"이라 한 곳이다. 서냉교는 중국 절강성(浙江省) 서호(西湖)의 고산(孤山)과 소제(蘇隄) 사이에 있는 다리인데, 고산처사(孤山處士) 임포(林逋)가 고산에 은거하면서 집안에 매화를 많이 심고 음영자적(吟詠自適)하였던 곳으로 앞에서 소개하였다.

추사 제자 조희룡(趙熙龍 : 1789～1866)의 「매화(梅花)」라는 시에도 인용된다.[10]

吾生何處散閑愁 오생하처산한수　우리 인생 그 어데서 시름을 흩어 보내나
香雪海中宜泛樓 향설해중의범루　향설해에 다락배 하나 띄우면 되지.
披卷從來知有福 피권종래지유복　책을 펼치면 복이 있음을 예전부터 잘 알고 있지만
看花更復得何修 간화갱부득하수　꽃을 본다고 그 위에 다시 어떤 복이 얻어질까
自非壽相留頹景 자비수상유퇴경　시들어가는 생명을 붙잡으려 안달하는 미망은 본래부터 없으나
爲愛淸華到白頭 위애청화도백두　맑고도 고운 그 모습 사랑하여 백발 노년에 이르렀네
可喜逆風歸䨏閤 가희역풍귀비합　그래도 반가운 소식 하나는 역풍이 내 깊은 방으로 불어오는 것,
不令一片付東流 불령일편부동류　꽃잎 하나라도 흐르는 물 위에 띄워 보내지 않으려네

뒤에 설명하겠지만 향설해(香雪海)라는 이름은 이곳에서 출발하였다. 매화가 피어 그 향기가 바다를 이루는 곳이라는 뜻이다. 광동성 총화(從化)에 '유계향설(流溪香雪)', 그 이웃에 '석문향설(石門香雪)'이 있다. 강소(江蘇) 남경(南京) 원매수원(袁枚隨園)의 '소향설해(小香雪海)', 양주촉강(揚州蜀岡)의 '소향설해(小香雪海)'도 유명하다.

한편 청(淸)의 금석문학자이자 서화가 였던 오창석(吳昌碩 : 1844～1927)이 「향설해(香雪海)」라는 유명한 시를 남겼다. 이 향설해는 항주시(杭州市) 동북 29km 지점의 초산풍경구(超山風景區)에 있는 것이다.

十年不到香雪海 십년부도향설해　십 년이나 향설해에 이르지 못했거늘
梅華憶我我憶梅 매화억아아억매　매화는 날 그리고 나는 매화를 그리워한다.
何時買舟冒雪去 하시매주모설거　언제나 배를 사서 눈을 덮어쓰고 가려나
便向華前傾一盃 변향화전경일배　꽃 소식 앞에 두고 한 잔 술 기울인다.

10) 안대희 성균관대 교수의 풀이를 참고하였다.

광복진은 태호(太湖) 반도와 접한 덩웨이[鄧尉] 산자락 밑에 자리 잡고 있다. 현 행정명은 오중구(吴中區) 광복진(光福鎭) 예항촌(倪巷村) 복호로(福湖路)이다. 중국의 4대 상매승지(賞梅勝地) 중 한 곳이 등위산 향설해이다.

2015년 1월 14일 강소(江蘇) 소주(蘇州)의 서쪽 29km 지점에 있는 향설해를 찾아갔다. 아직 일러 많은 꽃은 볼 수 없었지만 날 위해 빨리 핀 매화들이 여기저기 듬성듬성 반겨준다. 산 아래 남쪽 따뜻한 곳에 가면 더 많이 볼 수 있다는 고마운 조언도 들었다. 지난 2014년에는 2월 18일부터 3월 31일까지 매화축제를 열었다고 한다.

매화 만개 비례가 5% 미만이면 찾을 심을 써서 '심매(尋梅)' 즉 매화를 찾는다 하고, 매화 만개 비례가 5~30%일 경우 찾을 탐을 써서 '탐매(探梅)' 즉 매화를 더듬는다 하고, 매화 만개 비례가 30%이상이면 상 줄 상자를 써서 '상매(賞梅)' 즉 매화를 칭찬한다고 했다.

아무리 매화가 성글게 피는 게 멋이라 했지만 1%도 채 되지 않을 때 찾았으니 매화에 빠져 제정신이 아닌, 즉 매화에 환장[換腸]한 사람이거나 우봉 조희룡처럼 '매화폐인'이라고 해도 변명하지 않으리라 다짐하면서 찾은 것이었다.

광복진은 춘추시대 오나라 왕 합려(闔閭)가 후산에서 지형을 본 뒤 호랑이를 키우고 사육하는 사람이 사는 곳이라며 '후시(虎溪)'라 이름 지었다는 곳이다. 남북조시대에는 양(梁)나라 구진(九眞) 태수 고야왕(顧野王)이 이곳을 '호광산색 통천복지(湖光山色 洞

天福地)'라고 부르는 데서 광복이라는 이름을 얻었다. 남송 때는 '민조천여 천맥교통(民灶千餘 阡陌交通)'이라 하여 많은 사람이 모여 살고, 교통이 발달한 고을이었다.

태호라는 큰 호숫가를 접한 이곳 광복에는 '중국내호제일어항(中國內湖第一漁港)'인 태호어항(太湖漁港)이 있다. 고기잡이 철에는 수많은 배들이 항구에 떠 있는데, 이 역시 장관을 이룬다고 한다. 2009년 중국의 '100개 지방 언론 매체(中國百家地方媒體)' 추천 중국 공인 가장 아름다운 10대 시골마을(中國公認最美的十大村鎮)에 선정된 적이 있었다. 이때 강소 광복고진(江蘇光福古鎮)이 강서 무원고촌(江西婺源古村), 중경 합천래탄고진(重慶合川淶灘古鎮), 복건 배전고촌(福建培田古村), 절강 오진도고(浙江 烏鎮圖庫), 산서 황성상부(山西皇城相府), 하남 주선진(河南朱仙鎮), 운남 화순고진(雲南和順古鎮), 안휘 굉촌(安徽宏村), 강소 주장(江蘇周莊)과 함께 뽑혔다. 여하튼 아름다운 시골마을이었다.

이곳 광복에 매화를 심기 시작한 것은 진(秦 : 기원전 221년~기원전 206년) 말에서 한(漢 : 기원전 206년~220년) 초기였다. 동한(東漢) 대사도(大司徒) 등우(鄧禹)가 이곳에서 은거시(隱居詩) 「路入冰霜隆, 寒香襲客衣」를 남겼기 때문이다. 즉 '얼음과 서리 가득 찬 길로 들어서니 (매화의)상큼한 향기가 옷깃을 스쳐가더라'는 뜻이다.

송(宋) 원(元)을 거치면서 빈 땅마다 매화를 심어 꽃이 필 때 눈 쌓인 것처럼 보였다고 한다. 즉 등위산 부근에 있는 현묘산(玄墓山), 탄산(彈山), 청지산(青芝山), 동정

산(銅井山) 등에 계속해서 모두 수십만 그루의 매화를 심은 셈이다. 송나라 시인 범성대(范成大)는 '매화산의 나무 10그루 중 7그루가 매화인데, 수 십리에 걸쳐 심어져 있다'고 설명하였다. 명나라의 문인 요희맹(姚希孟 : 1579~1636)은 그의 글 「매화잡영(梅花雜詠)」에서 "매화꽃이 예쁜 곳이라면 오중(吳中)을 추천하여야 하고, 그중에서도 광복 여러 산의 매화가 제일이다."라고 읊었다. '무성한 꽃들이 쌓인 눈처럼 보이며 바람이 스쳐 지나가면 그 은근한 향기가 수 십리 밖으로 퍼져나간다'하여 '등위매화갑천하(鄧尉梅花甲天下)'라는 명예스러운 이름을 얻게 된 것이다.

세계문화유산으로 지정된 안휘성 굉촌의 이모저모

청초(淸初)인 1696년(康熙 35) 강소순무(江蘇巡撫) 송락(宋荦 : 1634～1713)이 이곳의 매화를 감상한 뒤 그 아름다움을 감탄하여 '향설해(香雪海)'라 이름 지었다 한다. 매화가 만발하면 꽃과 향기가 온통 눈처럼 바다를 이룬다는 뜻이다.

매원 중앙부의 매지(梅池) 옆 큰 바위 전면에 '향설해(香雪海)'를, 뒷면에는 '망거망망향설해(望去茫茫香雪海) 오가산반호제명(吾家山畔好題名)'이라는 글이 음각되어 있다. 즉 송락(宋荦)의 「우중원묘탐매(雨中元墓探梅)」라는 제목의 시 일부분인데 전문(全文)을 읊어 보겠다.

探梅冒雨興還生 탐매모우흥환생　비를 무릅쓰고 매화 찾아 나서니 절로 흥이 일고
石逕鏗然杖有聲 석경갱연장유성　산속 돌길에 지팡이 딛는 소리 쩌렁쩌렁 울리네
雲影花光乍呑吐 운영화광사탄토　꽃빛이 구름 사이 내밀었다 사라지고
松濤岩溜互喧爭 송도암류호훤쟁　솔잎 사이 바람과 바위에 떨어지는 물소리가 서로 다투네
韻宜禪榻閑中領 운의선탑한중령　이 운치를 즐기려 평상에 앉아 한참을 보내고 있다가
幽愛園扉破處行 유애원비파처행　깊게 애모하던 梅園의 사립문 부수어진 곳을 찾아가 보네
望去茫茫香雪海 망거망망향운해　저 멀리 매화꽃 향기가 바다를 이루는 등위산을 바라보니,
吾家山畔好題名 오가산반호제명　산자락 나의 집 향설해라 좋은 이름 짓게 되었네

'향설해(香雪海)'라는 글이 음각되어 있는 바위 뒤에는 '매지(梅池)'라는 자그만 못 하나가 있다. 강희제(康熙帝)가 건륭(乾隆) 49년(1784) 봄 이곳을 찾았을 때 늙은 농부가 매화 심는 것을 보고 자신도 한 그루를 심었다는 곳이다. 물을 대어 이 나무가 잘 자라기 위하여 판 못인데, 그래서인지 왕성하게 잘 자라고 있다 한다.

청 제4대 황제(1654 ～ 1722, 재위 1662 ～ 1722)는 강희제이다. 이름이 현엽(玄燁)으로 문무를 장려하고, 운하를 정비하고 조세를 감면하여 제국의 기초를 확립하였으며, 대만, 몽골, 티베트를 복속한 황제이다. 강희제는 이곳을 세 차례 찾았다. 제6대 황제 건륭제(乾隆帝) 홍력(弘曆 : 1711～1799, 재위 1735～1795)은 인도차이나, 대만, 티베트 등지를 평정하였고, 69년간 재위하면서 청나라의 융성기를 이루었던 황제이다. 건륭제는 여섯 차례(1751 · 1757 · 1762 · 1765 · 1780 · 1784년) 이곳을 찾았는데, 이들이 남긴 시(詩)는 19수에 이른다. 이 중 13수가 매화시이다. 이곳에는 1761년 건륭제가 제3차 남쪽 순방 시 쓴 탐매(探梅) 어시(御詩), 제목이 「재첩등위향

설해가구운시(再疊鄧尉香雪海歌舊韻詩)」인 비석이 있다. 비신(碑身)과 이를 받치는 지대석(地臺石) 또는 비좌(碑座)는 별개의 돌로 만들었다. 개석은 쌍용(雙龍)이 노니는 모습을 부조(浮彫)해 둔 이수(螭首)형이다. '어필(禦筆)'이라는 글자도 새겨있는데, 건륭제의 비석 중 수작(秀作)이라 한다. 근래 유리상자로 지은 보호각을 덮어 놓아 사진 촬영이 쉽지 않았다.

비석 오른편 바위에는 금석문이 여럿 있다. 모(某)에서 매(槑)를 거쳐 매화나무의 매(梅)자가 되었다는 것이 그중 하나이다. 그 외 '화광만경(華光萬頃)', '경지소영(瓊枝疏影)', '유자냉연(幽姿冷妍)' 등도 각 되어 있다. 매화정(梅花亭) 뒤 바위 바닥에는

'客到無人管迎送 送迎惟有古梅花'이란 글귀가 새겨 있다. 이를 풀이해 본다. 내가 조성하는 눌인매화숲에 너럭바위를 구하여 새겨 두고 싶은 문장이다.

客到無人管迎送 객도무인관영송　　손님이 오고 가도 맞이하고 대접하는 이 없고
送迎惟有古梅花 송영유유고매화　　오로지 옛 매화만이 이를 대신하는 구나

매화정은 넓고 편평한 암벽 위에 지은 5각형 건물이다. 옛 건물은 전쟁으로 파괴되

客到無人管迎送
送迎惟有古梅花

1	2
3	4

1 _ 바닥
2 _ 천정
3 _ 매화정, 구리로 만든 학
4 _ 벽에 난 창

었고, 1923년 향산방(香山幫) 건축 거장인 요승조(姚承祖)가 새로 지었다. 매화 꽃잎이 5개이듯이 모든 건물의 요소마다 이를 나타내려 노력하였다. 기둥도 동그라미 5개를 합한 모양이고 바닥과 천정에도 그리고 벽에 난 창(窓)도 5엽(葉)이다. 처마의 기와에도 매화가 표시되어 있다. 기와지붕 끝에는 구리로 만든 학이 날아갈 채비를 하고 있다. 송(宋) 은사(隱士) 임화정(林和靖) 즉 '매처학자(梅妻鶴子)'를 연상케 한다.

문매관

산허리를 따라 가면 문매관(聞梅館)이 나타난다. '문매헌(聞梅軒)'이라고도 부른다. 지금은 차와 음식을 파는 곳으로 바뀌었다.

백매(白梅), 홍매(紅梅), 녹악매(綠鄂梅), 묵매(墨梅), 미인매(美人梅), 만천성(滿天星), 송춘매(送春梅), 원앙매(鴛鴦梅) 등의 꼬리표와 설명문이 보인다. 최근 진귀한 매화 품종을 많이 심었다고 한다.

길 따라 펼쳐 있는 매화를 감상하는 '연랑탐매(沿廊探梅)', 누각에 올라 매화를 바라보는 '등루관매(登樓觀梅)', 매화 가까이서 그 품종을 분별해 보는 '입원품매(入園品梅)', 산에 올라 매화를 감탄하는 '등고상매(登高賞梅)' 등의 경구(景區)와 경점(景點)이 있다. 1986년 향설해는 오현문물보호단위(吳縣文物保護單位)로 지정되었다. 지금은 행정구역 조정에 따라 소주시문물보호단위(蘇州市文物保護單位)로 바뀌었다.

TIP _ 공자진의 병든 매화의 집

『병매관기(病梅館記)』란 청나라 말 선종황제 때에 경세(經世) 사상가로서 활동한 공자진(龔自珍:1792~1841)이 지은 글이다. '병든 매화의 집'이란 뜻을 지닌 이 책의 내용은 있는 그대로 두면 잘 자랄 수 있는 매화를 인위적으로 굽히고 잘라 기이한 형태를 만들어 즐기고 있는 분재(盆栽)를 소재로 하여 청나라 정부가 인재들을 정부의 뜻대로 교육시키려는 죄악성을 일깨우려는 것이다. 이 글 첫머리에 "江甯之龍蟠, 蘇州之鄧尉, 杭州之西溪, 皆產梅"이라는 구절이 나온다. 강녕(江甯)은 옛 강녕부 소재지로 지금의 강소성 남경을 일컫는다. 용반(龍蟠)은 용반리인데, 남경 청량산(南京清涼山) 아래, 즉 매화산이다. 등위(鄧尉)는 오늘 소개하는 소주의 향설해이고, 서계(西溪)는 고산(孤山), 영봉(靈峰)과 함께 항주 서호(西湖) 주변에 있는 유명한 매화 관상지이다. 명나라 때부터 이 세 곳이 매화를 감상하는 최고의 장소라 생각(可見此處藝梅之盛)하였기 때문이리라.[11]

전문은 이렇다. 원문도 첨부한다.[12]

강녕의 용반산(龍蟠山), 소주의 등위산(鄧尉山), 항

11) 남경 매화산에 건립된 '중국매화예술센타' 2층 전시실의 '용반시매(龍蟠蒔梅)'라는 제목의 설명문에도 이 내용이 소개되어 있다

12) 한양대 국문과 정민(鄭珉)교수의 '天眞과 興趣-문봉선 화백의 매화전에 부쳐'라는 글을 그대로 싣는다.

주의 서계(西谿)에서는 모두 매화가 난다. 어떤 이는 이렇게 말한다.
"매화는 굽어야 아름답지 곧으면 자태가 없다. 비스듬해야 멋있지 바르면 볼 맛이 없다. 가지가 성글어야 예쁘지 촘촘하면 볼품이 없다."
맞는 말이다. 이것은 문인(文人)과 화사(畵士)가 마음속으로는 그 뜻을 알지만, 드러내놓고 크게 외칠 수는 없는 것인데, 이것으로 천하의 매화를 구속해 버린다. 또 천하의 백성으로 하여금 직접 곧은 줄기를 찍어내고, 촘촘한 가지를 제거하며, 바른 줄기를 김매서 매화를 요절하게 하고, 매화를 병들게 하는 것을 업으로 삼아 돈을 벌게 할 수는 없다. 매화를 기우숙하게 하고, 성글게 하며, 굽게 만드는 것은 또 돈벌이나 하려고 하는 어리석은 백성들이 능히 그 지혜의 힘으로 할 수 있는 것이 아니다. 문인화사의 고상한 벽(癖)은 가만히 감추고서 매화 파는 자에게 분명하게 알려주어 바른 가지를 찍어내서 곁가지를 길러주며, 촘촘한 것은 솎아내어 어린 가지를 죽이고, 곧은 것은 김매서 생기를 막아버린다. 이것으로 비싼 값을 받으니, 강절(江浙) 땅의 매화는 모두 병신이 되고 말았다. 문인화사의 매운 재앙이 이 지경에 이르렀단 말인가?
내가 매화 화분 3백 개를 구입했는데, 모두 병신으로 하나도 온전한 것이 없었다. 그렇게 사흘을 울고 나서 이를 치료해 주겠다고 맹세했다. 놓아주어 제멋대로 자라게 하려고 그 화분을 부숴 모두 땅에다 묻고, 옭아맨 노끈과 철사를 풀어주었다. 5년으로 기한을 삼아 반드시 온전하게 회복시켜 주려고 한다. 나는 본래 문인도 화사도 아니다. 달게 욕먹을 각오를 하고 병매관(病梅館)을 열어 이를 기르겠다. 아아! 어찌 해야 내게 한가한 날이 많고, 노는 땅이 많게 하여, 강녕과 항주와 소주의 병든 매화를 널리 기르면서 내 인생의 남은 세월을 다해 매화를 치료해 볼까?

(江寧之龍蟠, 蘇州之鄧尉, 杭州之西谿, 皆産梅. 或曰:“梅以曲爲美, 直則無姿:以欹爲美, 正則無景:梅以疏爲美, 密則無態.” 固也. 此文人畫士心知其意, 未可明詔大號, 以繩天下之梅也:又不可以使天下之民, 斫直·刪密·鋤正, 以殀梅病梅爲業以求錢也. 梅之欹·之疏·之曲, 又非蠢蠢求錢之民, 能以其智力爲也. 有以文人畫士孤癖之隱, 明告鬻梅者, 斫其正, 養其旁條:刪其密, 殀其稚枝:鋤其直, 遏其生氣, 以求重價, 而江浙之梅皆病. 文人畫士之禍之烈, 至此哉!予購三百盆, 皆病者, 無一完者. 旣泣之三日, 乃誓療之, 縱之順之, 毁其盆, 悉埋于地, 解其棕縛:以五年爲期, 必復之全之. 予本非文人畫士, 甘受詬厲, 闢病梅之館以貯之. 嗚乎! 安得使予多暇日, 又多閒田, 以廣貯江寧杭州蘇州之病梅, 窮予生之光陰, 以療梅也哉?)

세계 최초 매화 서적 탄생지
석호石湖 벽범촌辟范村

장쑤성[江蘇省] 쑤저우[蘇州]

1186년 세계 최초의 매화 전문 서적인『범촌매보(范村梅譜)』를 펴낸 범성대는 매화 재배사에 아주 중요한 인물이다. 12종의 매화나무를 옮겨 심어 관찰한 내용을 그림과 함께 기술한 이 책에서 그는 매화를 '우물(尤物)'이라고 일컬었다. 곧 '허물이 있는 물건'이라는 뜻이다. 이 말은 원래 춘추시대 진(晉)나라 숙향(叔向)의 모친이 "미모가 뛰어난 여인은 사람을 마음을 미혹시키기에 충분하니, 참으로 덕을 쌓고 의를 실천하는 사람이 아니라면 반드시 재앙을 받게 마련이다."라고 한 데서 나온 말로 후에는 아름다운 사람을 이르는 말로 쓰였다. 범성대는 이 말을 이용하며 매화의 매력을 극진하게 표현한 것이다.

梅花天下尤物 매화천하우물	매화는 천하의 뛰어난 물건이니,
無間智賢不肖 무간지현불초	지혜롭거나 어리석거나 간에
莫敢有異義 막감유이의	누구든 이의를 제기하지 않는다

또 그는 매화나무의 특질에 따른 아름다움의 조건들을 다음과 같이 설명하고 있다.

원예를 처음 배우고자 하는 자는 반드시 먼저 매화를 심게 되는데 아무리 많이 심어도 싫증나지 않는다. 매화는 운치가 있고 품격이 뛰어나다. 따라서 줄기가 옆으로 누워[橫] 구불구불 틀리고[斜] 가지가 성기고[疎] 야윈[瘦] 것과 늙은 가지가 괴기하게 생긴 것을 더욱 진귀한 것으로 여긴다. 새로 접을 붙인 어린 나무가 한 해에 쭉 뻗어 올라 곧장 3, 4척을 치올라 도미(酴醾)나 장미와 같은 것을 오하[吳下][13]에서는 기

13) 소주(蘇州) 주변을 일컬음.

조(氣條)[14]라 한다. 이것은 다만 열매를 따서 이(利)를 볼 뿐 이른바 운치나 품격은 없다. 또 하나의 품종이 있으니 토양이 매우 비옥한 데서 나서 줄기 위에 통통하고 짧게 옆으로 뻗은 가지가 가시바늘 모양으로 생겨 꽃이 다닥다닥 붙은 것도 또한 고상한 품종이 못 된다.

메화나무에 대한 이와 같은 관상안(觀賞眼)은 우리나라에도 그대로 영향을 미쳐 문인들은 홍매보다는 백매, 그리고 춘매(春梅)보다는 동매(冬梅)를 더 선호하였던 것으로 보인다.

원명이 '범문목공사(範文穆公祠)'인데, 줄여서 '범성대사(范成大祠)'라 불리는 이곳은 1963년 소주시문물보호단위(蘇州市文物保護單位)로 지정되었다. 범성대사를 소개한 글은 백도백과(百度百科, http://baike.baidu.com)에는 나타난다.

그러나 위키백과(http://zh.wikipedia.org/wiki)를 검색하면 '쑤조우상팡산궈자

14) 보통 '도장지'라 부름.

썬린궁위안[蘇洲上方山國家森林公園]'이 소개되었는데, 이 중에 '범성대사' 는 나타나지 않는다.[15)]

먼저 범성대의 시 한 수 읊어보자.

「喜晴」- 맑은 날

窗間梅熟落蒂	창간매숙락체	창문 곁 매실 익어 꼭지가 떨어지고,
牆下筍成出林	장하순성출림	담장 아래 죽순 자라 수풀 밖으로 고개 내밀었네
連雨不知春去	연우부지춘거	잇단 비에 봄 가는 줄도 모르다가,
一晴方覺夏深	일청방각하심	날이 개이자 여름이 깊었음을 느끼네

남송(南宋) 시인 범성대(范成大 : 1126～1193). 강소(江蘇)성 오현(吳県) 사람으

15) 蘇州上方山國家森林公園 是位於 蘇州市 南部 石湖湖畔的 國家森林公園, 以 吳越遺跡 和 江南水鄉風光而著稱。公園內有 楞枷塔, 拜郊台, 越公井, 乾隆禦道, 吳越古城牆, 治平寺, 茶磨嶼, 石湖草堂, 烽火臺 等二十余處 景點。

로 자는 치능(致能). 호는 석호거사(石湖居士)다. 29살 때인 고종 소흥(紹興) 24년(1154) 진사(進士)가 되고, 예부원외랑겸숭정원설서(禮部員外郎兼崇政院說書)를 지냈다. 효종 초에 처주지주(處州知州)가 되어 통제언(通濟堰)을 복구하여 주민들이 수리관개(水利灌漑)의 편의를 얻도록 했다. 건도(乾道) 6년(1170) 금나라에 사신으로 다녀왔는데, 위협에도 굴하지 않았고 사명(使命)을 욕되게 하지도 않았다. 중서사인(中書舍人)에 임명되었다. 남송 4대가 중 한 사람으로 저서로는 『석호집(石湖集)』, 『오선록(吳船錄)』, 『오군지(吳郡志)』 등이 있다.

2015년 1월 13일 범성대가 마련하였다는 범촌(范村)을 찾았다. 소주 시내에서 서남쪽으로 4.6km 떨어진 곳에 있는 석호(石湖)[16]라는 호숫가이다. 자료에는 석호를 작은 호수라고 되어 있었으나 막상 가보니 매우 큰 호수라 여겨졌다.[17] 석호 행춘교반(行春橋畔)의 다마서(茶磨嶼) 아래에 위치하는 범성대사로 들어가려면 소주상방산국

16) 석호(石湖)는 중국 전통정원에서 빠짐없이 사용되는 석호석(石湖石) 출토지로 유명한 곳이기도 하다.

17) 면적이 22.35㎢, 국가급중점풍경명승구(國家級重點風景名勝區)인 태호풍경구(太湖風景區) 13곳 중 하나인데, 태호에 비교하면 호수라기보다는 조그만 못에 불과할 수도 있을 듯하다.

石湖景区上方山国家森林公园欢迎您
古石佛寺

治平寺简介
南朝梁天监二年（503）僧法镜创建，以《楞伽经》命名为“楞伽寺”，北宋治平元年（1064），改称“治平寺”，隋开皇九年（589），越国公杨素曾移吴县县治于寺内。
寺中殿宇随冈阜高下而筑，规模宏大。寺内竹树森蔚，泉石清幽，是一处名流文士经常流连聚集的地方。入清后，治平寺复兴。康熙南巡曾居寺内，乾隆六次南巡六临石湖，寺内建行宫以为驻跸之所，故治平寺又有“锦宫城”之别称。乾隆曾题治平寺匾“水观澄因”，赐楹联二副，并题诗多首。
寺内现存300余年树龄的银杏树一株，古黄杨数株。中轴线依次布局山门、天王殿、大雄宝殿，殿西长廊有乾隆《游治平寺》御诗碑、范成大石湖诗等碑刻，沿墙书条石镌刻记、疏、诗、图。
治平寺遗址，1956年考古调查时发现有古文化层，后曾进行小范围试掘，出土并采集到铜斯、红衣陶、细泥红陶、印纹硬陶片等新石器时代良渚文化至春秋时代遗物。1957年曾被列为江苏省文物保护单位，1982年10月22日被列为苏州市文物保护单位。
Zhiping Temple
In the second year of Tianjian of the Southern Dynasties(503), Monk Fajing built this temple, and named it Lanka Temple by Lankavatara Sutra. In the first year of the Northern Song Dynasty (1064), it was renamed as "Zhiping Temple". In the ninth year of the Sui Dynasty (589),Yang Su, Lord of Yue, moved the Wu county government into the Temple.
With a large scale, the magnigicant buildings of the temple were built according to the natural terrain. It was a place for men of letters to gather frequently here because of its frondent bamboo and quiet natural water. In the early Qing Dynasty, it got a restoration. When making South Tour, Emperor Kangxi once stayed in the Temple and Emperor Qianlong stated at Shihu six times. Because many emperors stayed in Zhiping Temple, it was also called Jingong City. Emperor Qianlong inscribed the plaque of Shuiguanchengyin for Zhiping Temple, he also wrote two couplets and some poetry here.
Within the Temple, there are some box trees and a 300-year-old gingko tree. In the middle stand Entrance, Heavenly King Hall and Main Hall. In the long corridor of the west of the Palace, there are many poem tablets such as Emperor Qianlong's Visiting Zhiping Temple, Fan Chengda's Shihu Poetry; there are engraved biographies, poems and pictures on the wall.
The ruins of Zhiping Temple was found in the year of 1956 when people made the archaeological investigation. Then through a small-scale mining, some ruins from New Stone Age Liangzhu Culture to the Spring and Autumn Period such as coppers, red pottery, fine terracotta clay, stoneware jar with stamped design were found. It was listed as a cultural relic protection unit of Jiangsu Province in 1957, and as a cultural relic protection unit of Suzhou City on 22th October, 1982

가삼림공원(蘇洲上方山國家森林公園)이라는 패루형 대문이 있는 옆 건물에서 입장권을 구입하여야 한다.

범성대가 남의 집 70여 채를 사서 다 헐고 조성하였다는 범촌(范村)이다. 이곳 ⅓에 매화만 심었다는 기록도 남아 있다. 많은 매화를 볼 수 있으리라 기대하고 찾았지만 크게 실망할 수밖에 없었다. '범성대사'는 소주상방산국가삼림공원의 아주 작은 부분에 지나지 않았다. '치평사(治平寺)'와 '석호초당(石湖草堂)' 등은 잘 꾸며두었으나 범성대사는 고석불사(古石佛寺)의 한 귀퉁이에, 입구 표시마저도 빼앗긴 채 방치되어 있는 느낌이 들었다.

본래 석호와 상방산(上方山) 일대는 오왕 부차(夫差) 때 왕과 귀족들이 천렵을 하고 놀았던 장소였다. 12세기 중엽 범성대가 이곳에 별서(別墅)를 짓고 살면서 많은 글을 남겼던 곳이기도 하다.

寵光奕世

석호 다마산(茶磨山) 북쪽, 행춘교(行春橋) 남쪽에 '범문목공사(範文穆公祠)'를 지어 범성대를 기리기 시작한 것은 명나라 정덕15년(1520) 어사(禦史) 노옹우(盧雍于)에 의해서였다. 만력 40년(1612) 참의(參議) 범윤림(范允臨)이 중건하였고, 숭정12년(1639) 순무(巡撫) 장국유(張國維)가 수리하였다. 청나라 건륭 연간에 궁정화가(宮廷畫家) 서양소(徐楊所)의 '성세자장도(盛世滋長圖)'에 이 사우의 전모가 그려져 있는데, 호숫가에 지어진 이 사우(祠宇)는 규모가 매우 컸음을 알 수가 있다.

가경(嘉慶) 3년(1798) 범래종(范來宗)이 수리하였고, 동치(同治) 년간에 다시 수리하였다. 그 후 방치되고 허물어졌으나 1984년 祠宇 전면 보수를 시작하였고, 1986년 준공하여 개방하였다.

새로이 문을 연 범성대사의 사문(祠門)에 '범문목공사(範文穆公祠)'라는 편액을 달아두었다. 전면 3칸으로 16m 정도 되며, 측면이 8m인 사당 안에는 '수력당(壽櫟堂)'이라는 편액(匾額)이 걸려있고, 그 앞에 범성대의 조상(塑像)이 놓여있다. 좌우의 벽감(壁間嵌)에는 명대의 석각 전원시비(田園詩碑)가 있다. 또 범성대가 쓴『사시전원잡흥60수(四時田園雜興六十首)』를 베껴 쓴 비석이 벽에 부착되어 있다.

TIP _ 강기(姜夔)의 시 「수홍교를 지나며(過垂虹)」

남송 광종 소희 2년(1191) 세모에 강기(姜夔)는 석호(石湖) 가까이에 있는 범성대의 집에 놀러 갔다. 마침 매화가 청아하게 피어 두 사람의 시심을 자극했다. 범성대가 강기에게 매화를 읊은 사(詞)를 한 수 지어보라고 청했다. 사는 기존의 곡조에 맞추어 써 넣는 가사인데 강기는 음악에도 능통했기 때문에 스스로 「암향(暗香)」과 「소영(疏影)」이라는 제목의 기다란 곡조 두 편을 작곡한 뒤 가사를 썼다. 이 사는 자신이 직접 곡조를 지은 다음 거기에 써넣은 가사로 매화를 보면서 옛날에 달빛 아래 함께 매화를 따며 놀던 한 여인을 떠올리고 그리움에 몸부림친 것이다. 범성대는 그것이 너무나 마음에 들어 자기 집 기녀 소홍(小紅)에게 불러보라고 했다. 소홍은 이 두 곡조를 구성지게 불렀고, 강기는 자신이 작사 · 작곡하고 소홍이가 부른 그 노래가 참으로 마음에 들었다. 강기가 소홍을 그토록 좋아하는 모습을 보고 범성대는 그녀를 그에게 주었고 강기는 소홍을 호주(湖州)에 있는 자기 집으로 데리고 갔다. 강기는 소홍을 얻은 기쁨에 겨워 배 안에서도 소홍에게 곡을 지어 부르게 하고 통소로 반주를 넣었다. 이때 지은 강기의 시 한 수를 읊어보자.

수홍교유지공원 원경 – 화엄탑(華嚴塔)이 보인다. 안에는 세계최고(世界最古) 조경서(造景書) 원야(園冶 : 1634년)를 지은 지청[計成]의 기념관이 있다. – 2011년 11월 촬영

「過垂虹」 – 수홍교를 지나며

自作新詞韻最嬌 자작신사운최교
　내가 지은 새 가사가 더없이 멋들어져
小紅低唱我吹簫 소홍저창아취소
　소홍은 노래하고 이 몸은 퉁소 분다
曲終過盡松陵路 곡종과진송릉로
　노래를 다 부르자 송릉 길이 끝나고
回首煙波十四橋 회수연파십사교
　돌아보니 다리 열 넷이 안개 속에 아련하다

강기가 소홍을 자기 집으로 데리고 갈 때 지나간 다리가 수홍교(垂虹橋)이다. 반달처럼 둥근 모양이 마치 무지개가 뜬 것 같다고 하여 불리게 된 나무 다리였다. 북송 경력 8년(1048) 지어진 강남에서 가장 긴 다리였으나, 원나라 때 오래된 다리를 헐고 다시 돌로 지었는데 그 길이가 약 500m나 되었다고 한다. 다리의 모습이 아름다워 유명 시인이 지은 시와 유명 화가가 그린 그림이 100편이 넘을 정도로 널리 알려져 있다. 1967년 5월 다리가 그만 붕괴해서 지금은 양끝에 잔재만 조금씩 남아 있다. 이 일대가 수홍교유지공원(垂虹橋遺址公園)으로 조성되어 있어서 그나마 다행이다.

왕면王冕의 은거지 구리산九里山 매화옥梅花屋

저장성[浙江省] 사오닝[紹興]

허균(許筠)이 17세기 초반에 쓴『한정록(閒情錄)』[18]에는 한가롭게 살기 위한 방법을 아래의 16가지로 나누어 소개하고 있다.

은둔 (隱遁:숨어 사는 즐거움) / 고일 (高逸:속세의 굴레를 벗어남) / 한적 (閒適:한가롭게 사는 삶) / 퇴휴 (退休:물러날 줄 아는 지혜) / 유흥 (遊興:자연을 즐김) / 아치 (雅致:우아한 삶) / 숭검 (崇儉:가난한 삶의 여유) / 임탄 (任誕:세상 시선을 두려워하지 않는 삶) / 광회 (曠懷:밝음을 품는 삶) / 유사 (幽事:산중 은거의 그윽함) / 명훈 (名訓:선인들의 가르침) / 정업 (靜業:글 읽는 즐거움) / 현상 (玄賞:고상한 취미) / 청공 (淸供:거친 옷과 음식을 즐김) / 섭생 (攝生:건강한 삶 유지) / 치농 (治農:자급자족)

이 책의 고일(高逸)편에 왕면(王冕 : 1287～1359)은 다음과 같이 소개되어 있다.

---

18) 허균이 광해군 6～7년에 북경에 다녀오면서 사재로 무려 4000권의 책을 구입해 쓴 책이다. 필사본. 17권 4책. 은거자의 정신적 · 물질적인 생활을 유지할 수 있도록 하기 위해 중국의 은거자들에 대한 자료와 농사법에 관한 정보를 수록한 교양서이다. 1961년 성균관대학 대동문화연구원에서 영인한『성소부부고(惺所覆瓿藁)』의 부록으로 실려 있으며, 1980년 아세아문화사에서 간행한『허균전서』에도 수록되어 있다. 1981년 민족문화추진회에서 국역하였다. 1610년(광해군 2) '은둔(隱遁)' '한적(閑適)' '퇴휴(退休)' '청사(淸事)'의 4문(門)으로 나누어 편집하였다가, 1618년 내용을 증보하여 16문으로 구성하고 부록을 덧붙였다. 15문까지는 '은둔' '고일(高逸)' '한적' '퇴휴' '유흥(遊興)' '아치(雅致)' '숭검(崇儉)' '임탄(任誕)' '광회(曠懷)' '유사(幽事)' '명훈(名訓)' '정업(靜業)' '현상(玄賞)' '청공(淸供)' '섭생(攝生)' 등 해당 주제에 따라 이와 관련된 사람들에 관한 이야기를 중국의 서적에서 채록하였다. 16문인 '치농(治農)'은 은둔자의 생활 방편으로 중요한 농사법에 관한 지식을 습득할 수 있도록 명나라 농서인『도주공치부기서(陶朱公治富奇書)』를 발췌 · 수록하였다.

왕면(王冕)은 배를 사서 동오(東吳) 지방으로 내려갔다가 대강(大江)을 건너 초회(楚淮) 지방으로 가서 유명한 산천을 두루 유람하였다. 그러다가 혹 기재(奇才)나 협객(俠客)으로 옛날의 호걸(豪傑)들에 대한 이야기를 하는 사람을 만나면, 바로 그를 불러서 함께 술을 마시며 강개한 뜻을 시로 읊조리곤 하였다. 북으로 당시 원(元)의 수도인 연도(燕都)를 유람하고서는,

"10년이 지나지 않아 이곳은 여우와 토끼가 노는 벌판이 되리라."하였다.

구리산(九里山)에 은거하였는데, 콩은 3묘(畝)를 심고 밤나무는 그 배를 심었으며, 매화(梅花)는 1천 그루 심고 복숭아(桃), 살구(杏)는 5백 그루씩 심었으며, 모시(苧) 한 구획(區劃)과 해채(薤菜)와 부추(韮) 각기 1백 본(本)씩 심었다. 또 물을 끌어서 못을 만들고 물고기를 1천여 마리를 길렀으며 모옥(茅屋) 3칸을 짓고는 스스로 '매화옥(梅花屋)'이라 이름 붙였다. 『명야사휘(明野史彙)』

조선 후기 대표적 실학자 홍만선(洪萬選 : 1643~1715)은 그의 저서 『산림경제(山林經濟)』「복거(卜居)」에도 다음과 같은 글을 적었다. 역시 『명야사휘』를 인용한 것이다.

왕면이 구리산(九里山)에 은거하며 초가삼간을 지어놓고 스스로 명제(命題)하기를 매화옥이라 하고, 매화 1천 그루를 심었는데, 복숭아와 살구가 반을 차지하였다. 토란 한 뙈기와 파 · 부추 각각 1백 포기를 심었으며, 물을 끌어다 못을 만들어 물고기 1천여 마리를 길렀다.[19]

북송 임포가 항주 서호 고산(孤山)에서 매화를 키우며 은거하였듯이, 원(元)나라 때 저명화가이자 시인인 왕면도 구리산(九里山)에 은거하였음을 알 수가 있다. 매화나무 천 그루를 심고 집 이름을 매화옥(梅花屋)이라 칭하고 속세의 굴레를 벗으나 산중 은거의 고요함 삶을 즐겼던 곳이다.

왕면은 저장성[浙江省] 사오닝[紹興] 주지[諸曁] 사람이다. 자는 원장(元章), 호는 저석산농(煮石山農) · 회계외사(會稽外史). 스스로 '매화옥주(梅花屋主)'라 불렀다. 농

19) 王冕隱九里山結茅廬三間 自題曰梅花屋樹梅花千桃杏居其半苧一區薤韭各百本引水爲池種魚千餘頭

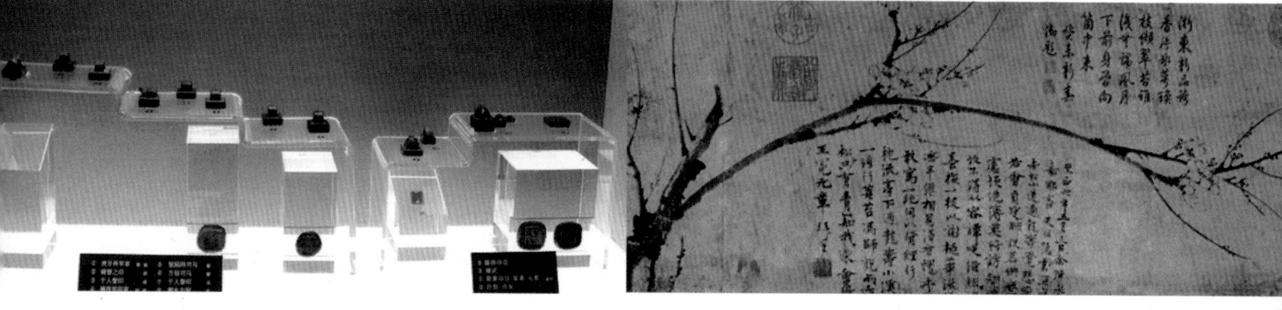

각종 인장들(상해박물관)

墨梅圖卷(王冕)

가 출신으로 가난했지만 학문을 좋아했다. 처음엔 고학을 하였지만 후이지[會稽] 유학자 한성(韓性)의 제자가 되면서 유학에 통달하게 되었다. 여러 차례 진사시험에 응시하였는데 낙방하였고, 그 뒤 병법(兵法)을 공부하였다. 난이 일어날 것을 예견하고 주리산에 은거하였다.

이곳에서 그림을 그려 생계를 이었는데, 묵매화(墨梅畵)를 잘 그려 남송(南宋)의 저명화가 양보지(楊補之)의 묵매화와 비견되었다. 양보지의 묵매화는 성긴 가지에 꽃을 드문드문 그려 서늘하고 청초한 느낌을 준다. 이에 비하여 왕면은 많은 가지와 꽃을 빽빽하게 그려 생기가 넘쳐흐르고 변화무쌍함을 느낄 수 있도록 그렸다. 또 꽃을 그릴 때 1번의 붓질에 2번 꺾는 새로운 방법을 써서 더 많은 변화를 느끼도록 하였다. 묵의 농담(濃淡)을 변화시켜 절기와 날씨에 따라 각기 다른 모습으로 피어 있는 매화의 자태를 표현하는 데 뛰어났다.

그림뿐 아니라 시 · 글씨 · 도장 조각에 모두 능했다. 화유석(花乳石)을 도장의 재료로 사용하는 것도 그로부터 시작되었다고 전해진다. 그림을 그린 뒤 시로 제목을 짓고 낙관을 찍어 시 · 글씨 · 그림 · 도장을 한 화면 속에 결합시켜 중국 회화의 독특한 풍격을 형성한 것도 왕면에서 비롯되었다.

『삼국지연의(三國志演義)』에 '망매지갈(望梅止渴)'이라는 고사가 있다. 위무제(魏武帝) 조조(曹操 : 155～220)가 이끄는 군사가 매실을 쳐다보며 갈증을 풀었다는 내용이다. 왕면은 이를 인용하여 '매화전(梅花傳)'이라는 그림을 그렸다고 한다. 권세나 부귀를 천시하는 매화의 고귀한 정신을 닮은 왕면의 인격을 암암리에 비유한 것으로 평가되는 그림이다. 그림 속의 시가(詩歌)는 백성의 고난을 반영하였고, 지배계급의 잔혹성을 비난하였으며, 강한 민족의식을 나타냈다. 공개(龔開)와 함께 원나라를 빛낸 인물로 평가된다.

주옥같은 매화시도 남겼다. 특히 「묵매(墨梅)」라는 다음 시는 그의 이름을 천하에 드높였다. 그의 매화시 몇 수를 읽어보자.

「묵매(墨梅)」
我家洗硯池頭樹 아가세연지두수　우리 집 벼루 씻는 연못가에 우뚝한 나무
個個花開淡墨痕 개개화개담묵흔　하나하나 꽃 피어 엷은 먹이 묻었네
不用人夸好顏色 불용인과호안색　자랑하며 좋아하는 얼굴빛 사람들 쓸데없고
只留清氣滿乾坤 지유청기만건곤　단지 하늘과 땅에 가득한 맑은 향기에 머물러 있네

『백매(白梅)』
冰雪林中著此身 빙설림중저차신　얼음 눈 숲 속에서 모습 드러내니
不同桃李混芳塵 부동도리혼방진　그 향기 먼지와 섞이는 도리와는 다르다네
忽然一夜清香發 홀연일야청향발　한밤 홀연히 맑은 향기 피워
散作乾坤萬里春 산작건곤만리춘　하늘과 땅 그 향기를 흩날리니 만리에 봄이다

『매화(梅花)』
三月東風吹雪消 삼월동풍취설소　삼월 훈훈한 바람은 눈 녹이려고 불어오고
湖南山色翠如澆 호남산색취여요　호남의 산 빛은 요수처럼 푸르르네
一聲羌管無人見 일성강관무인견　강족 피리소리 아련히 들려오나 누구도 보이지 않고
無數梅花落野橋 무수매화낙야교　매화 꽃잎만 수없이 들녘 다리에서 떨어지네

왕면은 양유정(楊維楨 : 1296～1370)과 사종가(謝宗可)와 더불어 당대 최고의 문사로 평가받고 있다. 북방의 몽골족이 세운 원나라 지배하에 있던 당시의 암울한 상황 속에서도 지조를 지킨 이들이다.

사종가의 경우, 생졸년은 알 수가 없다. 그의 매화시 중 원앙매(鴛鴦梅)가 특히 유명하다. 원앙매는 꽃 두 송이가 서로 마주보고 피는 매화 종류이다. 그래서 열매도 마주보며 열린다.

兩兩魁春簇錦機 양량괴춘족금기　둘 둘이서 베틀 모아 봄 우두머리 되고
文衾夢覺月分輝 문금몽각월분휘　무늬 이불에 자다가 꿈을 깨니 달이 빛을 나누어주네
枝頭交頸棲香暖 지두교경서향난　가지 끝이 서로 목을 비벼 따뜻한 향기 서리게 하고
花底同心結子肥 화저동심결자비　꽃 아래로 마음을 같이 하여 맺은 열매 익었네
金殿鎖煙妝粉額 금전쇄연장분액　금빛 전각은 안개에 잠겨 이마에 분칠하고
玉堂環水浴紅衣 옥당환수욕홍의　화려한 집은 강물에 둘려 붉은 옷으로 목욕하네
有情一種隨流去 유정일종수유거　같은 정 情) 하나 있어 강물 따라 흘러가니
莫被風飄各自飛 막피풍표각자비　바람에 흩날려 따로 날아가게 하지 마소

왕면의 작품으로는 「묵매도(墨梅圖)」, 「매화도(梅花圖)」 등이 있다. 주요 저서에는 『죽제시집(竹齊詩集)』이 있다.

1367년 안휘성 출신 주원장(朱元璋)은 원을 멸망시키고 한족의 지배를 회복하면서 전통적인 중국의 문화를 다시 부흥시킨다. 국호를 '명(明)'이라고 칭하고 연호를 '홍무(洪武)'라 하며 명 태조가 되었다. 주원장은 중국 남부 지역을 통일하면서 기반을 마련하였고, 절대적인 민심에 힘입어 폭넓은 지지를 받았다. 주원장이 1358년 무주(婺

1 2
3

1 _ 명 효릉(주원장의 무덤)
2 _ 세계문화유산으로 지정된 명 효릉
3 _ 명효릉 입구와 그 주변, 특히 매화산에는 매화만으로 덮혀있다. 그러나 명 효릉 일대는 납매만 가득하다.

州, 지금의 저장성 진화시)를 점령했을 때 이 일대의 많은 인재들을 등용하였다. 이때 왕면을 찾아 막부(幕府)에 두고 자의참군(諮議參軍)에 임명했지만, 얼마 뒤인 1359년 죽었다.

함께 부름을 받은 왕의[王禕, wáng yī : 1322~1373]는 중서성연(中書省掾)에 임명되었다. 그 후 장주부통판(漳州府通判), '원사(元史)' 총재관(總裁官), 한림대제(翰林待制), 동지제고(同知制誥) 겸 국사원편수(國史院編修) 등을 역임했다. 문절(文節), 충문(忠文)이라는 시호도 받았다. 저서로 『왕충문공집(王忠文公集)』, 『치사(卮辭)』, 『대사기독편(大事記續編)』이 있다.

왕면이 죽은 후 중국 곳곳에 매화 감상 명승지가 속속 들어섰지만 왕면의 집과 그가 심은 매화들은 흔적 없이 사라져버렸다. 「중국문화사(中国文化史)500대 의문」이란 글[20]에는 '왕면이 은거하였다는 구리산의 위치가 어디인지(王冕隱居地在哪個九里山)'이 포함되어 있다. '임포가 어찌 고산에서 은거하였는지(林逋為何隱居孤山)'와 함께.

20) 周解荣 「王冕隱居地在哪個九里山?」 ds.eywedu.com/500/index124.htm

이 의문을 처음 제기한 사람은 지금의 저장 성[浙江省] 이우 현[義烏縣] 출신이자 명(明)나라 초기 때 학자인 송렴(宋濂, 1310 ~ 1381)이다. 그의 글「왕면전(王冕传)」을 주를 달아 소개한다.[21]

절강문물국(浙江文物局) 홈페이지(www.zjww.gov.cn)에는 왕면의 만년 은거지를 복원하였다는 '절강일보(浙江日報)' 기사[22]가 소개되어 있다.

제기 구리산 '복제' 왕면고거(諸暨九里山 '複製' 王冕故居)

以畫梅見長的元代著名畫家, 詩人王冕晚年隱居會稽, 自築"梅花屋", 種粟養魚, 以清貧生活了其餘生。而今他隱居之處被確認在諸暨楓橋九里山, 在熱心文化人士的努力下, 這裡'複製'了當年王冕隱居時的草房, 洗硯池, 白雲庵, 梅樹……重現王冕的隱居生活。

"疏梅個個團冰雪, 羌笛吹它不下來。" 王冕晚年因這兩句題畫詩被官員誣陷, 認為他這是諷刺時政, 要逮捕他。於是王冕逃至九里山隱居。楓橋九里山是王冕的隱居之地, 民間以前一直有此說法, 但無實物佐證。有一次, 一位農民在九里山掘地時發現一塊石碑, 上刻"蹤寄白雲"幾字。經當地文物部門考證, 此乃王冕手跡。

九里山山黛水清, 空氣清新, 不少人提出在此建別墅或度假村, 但都被該村村民婉言謝絕。他們認為王冕曾在村裏隱居, 是他們的驕傲, 一定要保護好王冕隱居遺址。九里山也引起了一些民間文化熱心人的關注。諸暨首個私人博物館——"裕昌"號博物館館長駱棟出資60萬元, 全部用古建築材料, 在九里山建起了仿元代和明代建築風格的四合院"白雲庵"。在各界人士的努力下, 梅樹, 草房, 洗硯池, 大塘…… 當年王冕隱居的生活場景被一一"複製"。

一些中外文化人士也尋訪而至。近日, 南韓一個文化代表團專程到九里山踏訪, 他們看到王冕的生活場景後, 感慨萬千地說:"王冕畫的梅花世界一流, 是中國的驕傲。我們一直

---

21) 남경사범대학문학원(南京師範大學文學院) 청지에[程傑]의『소흥문리학원학보(紹興文理學院學報)』기고문에서 인용 稱王冕晚年隱居九里山,一般認為九里山在其故鄉諸暨楓橋鎮北九里. 但無論是王冕本人作品, 還是同時文人的記載. 都明言其隱居在會稽, 具體地點是紹興城南的九里, 即今紹興市越城區鑑湖鎮的九里. 這裡是會稽山的西北麓, 所謂九里山, 是指九里這一帶的山地, 而不是名叫九里的山峰. 王冕隱居餘姚, 諸暨九里等說法, 均因地名附會而言, 不能成立.

22) 來源:浙江日報 作者:金敖生 何超群 許文豹 2007-02-15

왕면은거지(절강신문 사진)

心嚮往之王冕的故地, 這次終於如願以償了。"

즉 왕면의 은거지는 절강성(浙江省) 제기시(諸暨市) 풍교진(楓橋鎮) 구리산(九里山)이라고 보면 될 듯하다. 자석산(煮石山)이라고도 불리는 곳이다. 제기(諸暨)는 항주에서 남쪽으로 내려가다 의오(義烏) 가기 전에 있다. 섬유 관련 공장들이 많이 들어서 있는 곳이다. 1.5km 떨어진 지점에 명나라 개국장군 호대해(胡大海)의 둔병지인 영반촌(营盘村)이 있다.

오랫동안 구리산(九里山)에는 왕면 은거지와 관련된 흔적이 전혀 남아있지 않았다. 2006년 60만 위안을 들여 사합원(四合院) 형식의 백운암(白雲庵)을 복원하기 전까지는. 이때 매화를 심고 초옥(草屋) 매화옥(梅花屋)을 짓고, 세연지(洗硯池)를 복원하면서 은거지의 면모를 갖추었다. 그 후 낙긍광(駱恆光)[23], 갈환표(葛煥標)[24], 하호천(何

23) 낙긍광(駱恆光, 1943~) 호 익지(翼之), 절강성 제기인, 1969年 절강미술학원(현중국미술학원)출신. 육유쇠(陸維釗)교수로부터 서법과 서학이론 배움. 저서『낙긍광논서(駱恆光論書)』,『행서발도설(行書發圖說)』등.

24) 갈환표(葛煥標, 1936~)절강 제기인, 중국인민해방군중장. 국방과학기술공업위원회부정치위원.

1 _ 상해 화개해상공원의 백매 (2019년 2월 19일)
2 _ 상해 화개해상공원의 홍매 (2019년 2월 19일)
3 _ 2019년 2월 19일 대신 찾아간 상해 화개해상공원 모습

浩天)[25], 조지중(趙之中)[26] 등 많은 문인 서예가들이 이곳을 찾아 제사(題詞)를 남겼다고 한다. 2007년 이곳을 다녀간 한국인들은 다음과 같이 말하였다는 기사도 읽은 적이 있다.

"왕면의 매화 그림은 세계 최고이자 중국의 자존심이다. 우리는 항상 왕면이 살았던 옛터를 방문하길 바랬다. 이제 그 소원을 풀었다."

가보지 못하고 이 책에 소개한 두 곳 중 하나이다. 「② 매화신선이 놀던 나부산(羅

25) 하호천(何浩天, 1919~2009) 조적(祖籍)은 절강 제기 완시진, 미국St. John's University 아주학원 연구원, 타이페이 보인대학(輔仁大學)부교수, 타이페이역사박물관관장, 고궁박물원 고문

26) 조지중(趙之中, 1932~) 원명 조덕복(趙德福), 호 각중거사(覺中居士), 진생재주인(震生齋主人), 하북성 탁록현인, 저명 서예가, 중국서법가협회자심회원。

浮山)-광동성(廣東省) 증성현(增城縣)」과 함께. 이 경우 2006년 1월 이곳을 다녀온 이동선 교수가 그의 책『아로마탐험길』에서 매화가 없었다는 소개 글을 읽어서 가지 않은 것이다. 이를 보려고 며칠을 낭비할 수가 없었기 때문이기도 하다. 그러나 나부(羅浮)라는 지명은 매화를 칭하는 단어, 즉 매화 상징어가 되었다. 또한 "옥설처럼 흰 몸과 얼음처럼 차가운 넋[옥설위골빙위혼(玉雪爲骨冰爲魂)]"이라는 구절도 널리 애송되고 있기에 중국에 탐매를 꿈꾸는 분이라면 알아야할 곳이기에 소개드렸다.

구리산 왕면 은거지 복원지도 가보지 않았다. 올해 상해 탐매 여행시 꼭 가보리라 다짐한 곳이었다. 하지만 하필 출발하려는 그날(2019년 2월 19일) 아침 뉴스를 보고 다른 곳으로 발길을 돌려버렸다. 그동안 돌보지 않고 방치되어 흉물로 변했다는 소식이었다. 2019년 3월 절강신문에 반가운 기사가 나왔다. 새롭게 정비하여 내년부터는 봄에는 매화향이, 여름과 가을에는 연꽃의 아름다움을 느낄 수 있도록 만들겠다는 내용이었다. 다녀온 뒤 소개할 수 있으면 좋겠다.

TIP _ 왕면의 집터를 새로이 정비한다는 절강신문 기사

王冕故居將迎環境整體提升, 來年春冬梅花香 夏秋荷花艷

2019-03-13 12:58 |浙江新聞客戶端 |通訊員 週能兵

編輯 俞咪娜

"吾家洗硯池頭樹, 朵朵花開淡墨痕。不要人誇好顏色, 只留清氣滿乾坤。"元末著名詩人、畫家王冕的梅花詩家喻戶曉。他畫的梅花, 含笑盈枝, 簡練灑脫, 別具一格。不過, 在王冕出生地的門前屋後和王冕隱居地九里山畔, 這個春天還看不見梅花。最近, 王冕出生地和隱居地所在的村莊, 都在考慮種上梅花, 讓梅花在王冕的故鄉開放飄香。

讓王冕故居春冬梅花香, 夏秋荷花艷。諸暨市楓橋鎮櫟橋村王冕故居門前一片寂靜, 不大的王冕故居顯得古色古香。郝山無言地蜷伏在屋後, 王冕故居門前是幾間破舊的房子。

近日, 村里的干部都在談論村莊的發展話題, 核心便是做好王冕故居的文章, 讓王冕故居的梅花香起來。

"現在首先要拆遷部分破舊的房子, 讓王冕故居凸顯出來, 與將要

動工建設的王冕紀念公園連成一片, 王冕故居環境整體提升工程已列入楓橋鎮發展計劃之中。"櫟橋村黨總支書記王永全說。

櫟橋村是3A級景區村莊, 種有300餘畝荷花, 村中有老街、鄉村記憶館、清氣館、古色古香的祠堂, 還有風景怡人的東湖秀色、數百畝稻田, 整個村莊顯得靈動秀美。郝山、白茅尖、西大山等環繞著村莊, 櫟江水穿村而過, 櫟橋村的優美自然風光與王冕文化相得益彰。王冕居住在櫟橋郝山下時, 以畫荷、畫梅而聞名。去年該村在王冕故居前種植了130餘畝荷花, 在白茅尖山下種植了200多畝荷花, 櫟橋村精心打造的十里荷韻, 更使櫟橋村景色如畫。

這裡流傳著許多有關王冕的傳奇故事, 這些生動的故事發生的背景, 就在櫟橋村的山水之間。可以說, 王冕文化已融進了這個村子。王永全告訴記者, 現在正在建設王冕故居入口景觀工程, 按照計劃, 從王冕故居到小東湖要種上3里長的梅花, 形成梅花大道, 讓王冕故居與東湖秀色連成一片, 讓3A級景區村莊與王冕文化融為一體, 讓王冕故居春冬梅花香, 夏秋荷花艷。

空蕩蕩的白雲庵前, 也不見一枝梅花

王冕晚年隱居在楓橋九里煮石山下。山里的白雲庵是王冕棲身之所。他在九里山坳中, 結草廬三間, 自題為"梅花屋"。他還在此"種豆三畝, 粟倍之, 樹梅花千, 桃杏居其半, 芋一區, 薤韭各百本。引水為池, 種魚千餘頭"。"去城懸九里, 夾地出雙溪。長年無客到, 終日有猿啼。烏鳶雖見忌, 麋鹿自相親。"王冕隱居九里, 寫梅畫梅, 過

著隱士的生活。

再次來到楓橋鎮先進村九里山王冕隱居地，通往白雲庵的山路，顯得很冷清。白雲庵大門虛掩，中間一進有一尊王冕雕像立在屋中央。其他兩進幾乎沒有東西，整個白雲庵顯得空蕩蕩的。白雲庵旁，有3間破爛的茅草屋，茅草棚已倒塌，只剩下“梅花書屋”“心遠軒”“耕讀軒”3塊匾還掛在屋上。茅草屋前的洗硯池裡，有一池春水，旁邊還豎著“墨硯池”的牌子，似乎有人剛整理過。當年王冕隱居此地時，這裡曾是梅花一片，現在卻看不見一枝。

白雲庵、梅花屋、洗硯池等是2005年建成的。當時，在諸暨楓橋鄉賢葛煥標中將等人的呼籲下，社會賢達出資出力，建成了古色古香的白雲庵和古樸的梅花屋，成為九里山坳中一道亮麗風景線，葛煥標說，王冕、陳洪綬、楊維楨是故鄉楓橋的三賢，在楓橋有人物、有出生地、有故事、有真人真事，是諸暨真正的文化。做好王冕出生地和隱居地的文章，需要地方黨委和政府的重視，需要社會各界的支持。

楓橋鎮幹部周小海說，白雲庵前，有一塊空地適合種梅花，門前的水庫水體清澈，如果種上一片梅花，將是一個好景點。但要讓王冕隱居地梅花飄香，還需要與周邊環境相結合，做好農家樂、民宿等文章。

這塊文化品牌，一定要“立”起來

“冰雪林中著此身，不同桃李混芳塵。忽然一夜清香發，散作乾坤萬里春。”王冕的梅花穿透歷史時空，散發著醉人的清香，滋潤、慰藉著人們的心靈。

作為詩人和畫家，王冕的詩成為元代詩歌的高峰，並開創了寫意花鳥畫新風。著名古典文學研究專家、浙江省越文化傳承與創新研究中心執行主任潘承玉教授曾主編《中國古代文學作品選》元明清卷，專門選編了王冕的兩首詩。潘承玉認為，這兩首詩是王冕人文精神的集中體現。一首是大家熟悉的《墨梅》，另一首是可與杜甫一些詩篇遙相輝映的《傷亭戶》。《墨梅》讚美梅花“只留清氣滿乾坤”，詩人效法先輩，探索至上藝術境界的人生追求，糞土功名，高潔個性，盡在其中。從藝術史和知識分子精神史的角度來說，緣於花鳥畫的發展和古老的“比德”觀念，宋元開始知識分子逐漸形成梅、蘭、竹、菊“四君子”說，王冕的梅花圖册和詠梅詩在其中發揮了很重要的推動作用。《墨梅》是王冕高尚人格的自我寫照，也是其藝術創新的形象表達。

《傷亭戶》一詩採用杜甫《石壕吏》式的旅行夜記和客主對話方式，借敘寫紹興東關，也就是浙東運河和曹娥江交會處曹娥鹽場一家鹽戶的絕門絕戶，折射出元代底層民眾的不幸命運。《傷亭戶》冷靜記下紹興歷史上的悲慘一頁，也把“大元盛世”的官吏貪暴釘上歷史的恥辱柱。這首詩折射出王冕人文精神的另一重要方面：心與最廣大的底層人民一起跳動。

潘承玉說，今天我們紀念、緬懷王冕，需要記取王冕人文精神的三個基本方面：清白獨立的君子人格、開宗立派的創新精神、情感之弦與民眾共振的仁者情懷

王冕的出生地、隱居地都在楓橋，兩地相距不遠。專家建議，王冕的故居與隱居地應該連結起來，做一篇王冕文化與旅遊、山水風光相融合的大文章，讓王冕梅花穿透歷史，在故鄉綻放。

楓橋鎮黨委書記黃茹說，楓橋鎮是中國歷史文化名鎮，既有豐富的人文歷史，也有秀麗的山水風光，更有全國聞名的“楓橋經驗”。楓橋鎮正利用豐富的人文資源，規劃、投資、建設文化旅遊產業，尋找楓橋鎮文化旅遊的支撐點。楓橋是王冕的出生地，又是王冕的隱居地，這是楓橋一塊響噹噹的文化品牌，我們一定要讓它“立”起來。

당매唐梅와 송매宋梅가 있는 여항 초산餘杭 超山

저장성[浙江省] 항조우[杭州]

중국 3대 매원(中國3大梅園)으로는 우한[武漢] 동호마산매원(東湖磨山梅園), 난징[南京] 매화산 매원(梅花山梅園), 우시[无錫] 태호매원(太湖梅園)을 꼽는다. 중국10대 매원(中國十大梅園)을 꼽을 때 이곳 저지앙[浙江] 초산(超山)이나 쑤조우[蘇州] 서남쪽에 있는 광복향(光福鄉) 등위산(鄧尉山)을 더하기도 한다. 그 외 쑤조우[蘇州] 태호(太湖) 서산(西山), 청두[成都] 초당사(草堂祠), 광뚱[廣東] 류계하(流溪河)와 나강(羅崗) 및 매령(梅嶺), 상하이[上海] 신장공원(莘庄公園), 역시 상하이 정산호 대관원매원(淀山湖 大觀園梅園), 저지앙[浙江] 항주식물원(杭州植物園)내 영봉(靈峰), 윈난[雲南] 쿤밍[昆明] 서산(西山) 및 흑룡담(黑龍潭), 후난[河南] 얀링[鄢陵] 또는 타이완[臺灣] 무사매봉(霧社梅峰) 등을 더하여 중국 10대매원(中國十大梅園)으로 꼽기도 한다[27]. 항주의 3대매경(杭州三大梅景)을 꼽는다면 초산(超山), 고산(孤山), 영봉(靈峰)이 들어간다. 근래는 서계(西溪)에 더 많은 탐매객이 몰린다는 보도도 있다.

초산은 항주시 동북부에 있는 위항구[余杭区][28]의 풍경명승구이다. 항주시 여항구 당서진(余杭区 塘栖镇)에 있는 이곳의 정식 이름은 초산풍경명승구(超山風景名勝

27) 아파라신문망(阿波羅新聞網) 2014-02-20자 http://hk.aboluowang.com/2014/0220/373704, 2011年 2月 19日자 '신화신문(新華新聞)' 古人賞梅的 '二十六宜' 你最愛哪一種情境 http://big5.news.cn/xinhuanet.com

28) 항주시 관할로는 9개구(上城區 下城區 江干區 拱墅區 西湖區 浜江區 蕭山區 余杭區 富陽區), 2개시(建區市 臨安市), 2개현(桐廬県 淳安県)이 있다.

區,Chāo shān fēngjǐng míngshèngqū qū)[29]이다. 한국인들에게는 잘 알려져 있지 않은 곳이다. 그러나 한국인들이 벚꽃 필 때 진해 군항제를 보러 가려는 것처럼 중국인들은 이곳의 매화철에 꼭 가보고 싶어 한다.

2017년 2월 8일

대구서 상해로 가는 비행기에 몸을 실었다. 올해 두 번째 탐매 여행이다. 먼저 임시정부청사를 찾아 나라를 위하여 몸 바친 분들을 알현하였다. 저녁 식사 후 항주로 이동하여 호텔에 짐을 풀었다. 지난 1월 묵은 호텔과 같아 낯설지 않았다. 다음날 아침 일찍 서호의 소제(蘇堤) 앞으로 가서 간략하게 촬영을 하고 택시를 타고 초산으로 가려 하였다. 길을 잘 모른다, 너무 멀다 등 몇 번 거절당하였지만 마음 좋은 기사를 만나 겨우 출발할 수 있었다.

1시간 남짓 달린 택시는 초산 입구인 용초로(龍超路)와 초매로(超梅路)가 갈라지는 지점에 도착하였다. 초산 순환도로 보이는 이곳부터 매화로 붉게 물들어있었다. 조금 지나니 남원(南園) 입구가 보였고, 고건축물들과 매화들이 장관을 이루고 있었다. 더 올라가 초산로(楚山路)를 접어들어 얼마 가지 않으니 동원(東園) 입구가

29) 홈페이지는 http://chaoshan.gov.cn/

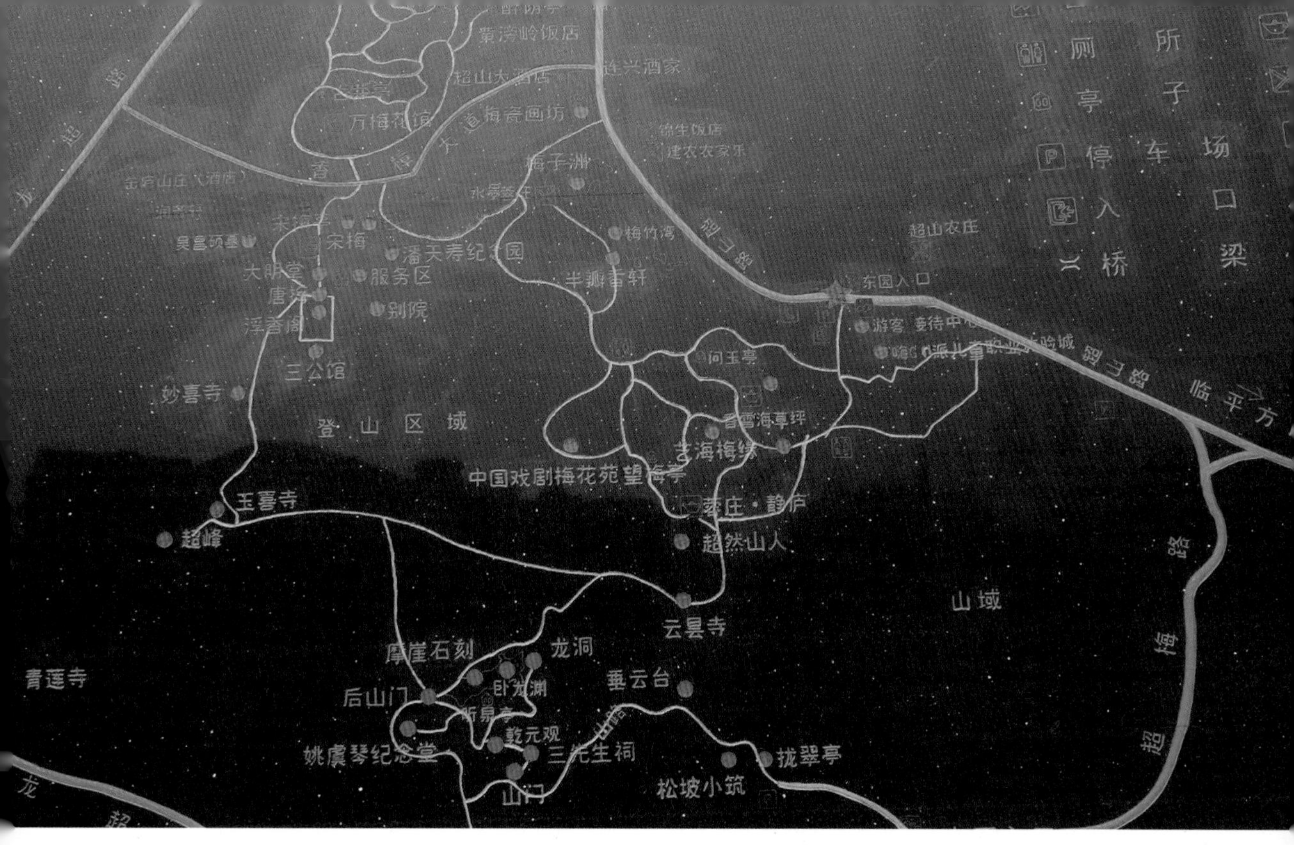

보였다. 반대편은 식당 등 상가 건물들이 모여 있었지만 이곳 도로변도 만개한 매화들이 즐비하였다.

어제부터 내리는 비가 가는 동안 좀 개인 듯하였다. 60위안을 주고 서둘러 입장하였으나 막상 들어서니 눈보라가 몰아치는 매서운 날씨로 바뀌었다. 찻집을 찾아 몸이라도 녹이려 하였더니 너무 멀리 떨어져 있어 추위에 떨며 탐매를 하여야 했다. 뒤쪽 넓은 잔디밭, 향설해초평(香雪海草坪)에는 매화 분재들이 열지어 있었다. 너무 추워 눈에 들어오지 않았다.

눈보라로 앞이 보이지 않는 동원 입구에서 한참을 망설였다. 자원봉사자 중 한국을 좋아한다는 아가씨들을 만났고, 대명당(大明堂)으로 가는 전기차 안내를 받았다. 10위안을 지불하고 얼른 탔다. 곧 추위가 가셨다. 눈보라 휘날리고 매화가 만발한 산길을 달리는 것 또한 즐거움이리라 생각이 든다. 평탄한 곳에 이르니 제법 넓은 도로가 나타난다. 향장대도(香樟大道)라 한다.

초산풍경명승구의 구성

초산풍경명승구는 동원(東園), 남원(南園) 해운동(海雲洞), 북원(北園) 그리고 등산구역(登山區域) 크게 4개 구역으로 나뉜다. 그 면적은 6㎢, 180만 평이 넘는다고 했다.

동원에는 중국희극매화원(中國戱劇梅花苑), 심매소축(尋梅小築), 임수매헌(臨水梅軒), 연우매림(煙雨梅林) 등의 볼거리가 있다고 한다. 이번 탐매여행에서는 이곳을 다 돌아다니려니 엄두가 나지 않았다. 눈보라 속에서. 말 그대로 향설해(香雪海)이지만 시간도 허락하지 않아서였다.

대명당(大明堂) 입구 패방

전기차는 돌로 만든 패방 앞에 내려주었다. 이곳이 대명당이라 한다. 돌로 된 패방이 아마 대명당(大明堂) 입구 표석이리라.

패방 앞뒤에는 다음 글이 주련처럼 새겨져 있다.

十年不到香雪海 십년부도향설해　　십 년 간 향설해 가보지 못했는데
梅花憶我我憶梅 매화억아아억매　　매화는 나를 기억하고, 나 또한 매화 잊지 않았네
何時買棹冒雪去 하시매주모설거　　언제쯤 배를 사 향설해 보러 가려나
便人花前傾一杯 변향화전경일배　　꽃 앞에 두고 한 잔 술 기울이네

오창석(吳昌碩), 매화를 끔찍이 좋아한 그가 이곳에 머물며 시 한 수를 읊었으니 바로 위의 시다.

눈보라가 몰아쳐 얼은 몸을 녹이고 한숨 돌릴 곳부터 찾아야겠다. 그런데 보이지 않았다. 찻집이 있어 들어가니 반겨주는 이가 없었다. 그래도 실내라 훈기가 남아 있어 몸을 녹였다. 바깥을 둘러보니 매화가 만발해 있었다. 이곳이 바로 선경(仙境)이려니.

패방에서 조금 들어가면 오창석의 묘소와 동상이 보였다.

1 _ 초산매화절 행사가 2017년 9번째를 맞았다.
2 _ 향설해초평(香雪海草坪)에서는 매 분재전이 열리고 있었다.
3 _ 고점상(高占祥,g ā ozh à nxi á ng:중화문화촉진회 주석, 중국매화협회 명예 회장) 이 쓴 '中國觀梅第一山'비석이 서 있다.
4 _ 동원 입구에 들어서자 눈보라로 앞이 보이지 않았다.
5 _ 동원 주변 약도

오창석의 묘소

오창석(吳昌碩 : 1844~1927, 享年 84歲). 이름은 쥔칭[俊卿]. 자는 샹부[香補]였는데, 69세 이후 창쉬[倉碩]로 바꾸었으며, 창스[蒼石]라고 쓰기도 한다. 호는 부려(缶廬), 고철(苦鐵), 파하정장(破荷亭長), 대롱(大聾) 등. 저장성[浙江省] 안지[安吉] 사람이다. 어려서부터 수재였으나, 53세에 이르러 장쑤성[江蘇省] 안둥[安東 : 롄수이(漣水)] 현령이 되었지만 1개월 만에 사직했다. 오랫동안 뤼수이[瀘水]에 살면서 그림으로 생계를 유지했다. 상하이[上海]에서 서거하였다.

시 · 그림 · 글씨 · 전각에 조예가 매우 깊었다. 한대(漢代) 비문을 많이 읽었고, 석

초산풍경명승구 약도

고문(石鼓文)을 연구하면서 글씨를 배웠다고 한다. 전서(篆書) · 예서(隸書) · 해서(楷書) · 행서(行書) · 초서(草書)에 모두 정통했다. 중년에는 석고문을 모방하는 데 힘을 기울였는데, 글씨는 간결하면서도 힘이 있고 소박하면서도 중후하였다. 만년에는 전서 · 예서 · 광초를 썼는데, 호쾌하고 분방하다. 또 해서는 굳세고 힘이 넘치는 것이 특징이다. 처음 절파(浙派)의 인각(印刻)기법을 배웠고, 등석여(登石如) · 오양지(吳讓之) · 조지겸(趙之謙)의 영향을 받았다. 금석문(金石文)을 깊이 연구해 일가를 이루었다. 1904년 항저우[杭州]에 서령인사(西泠印社) 초대 사장으로 추대되었다.

그림은 서위(徐渭) · 석도(石濤) · 팔대산인(八大山人) · 양주팔괴(揚州八怪)의 영향을 받았는데, 특히 석도의 영향이 컸다. 매화와 국화 그림은 맑고 도도하며, 운필법이 자연스럽고 붓의 힘이 종이 뒷면에 배어들 정도로 힘차다. 필묵은 노련하고 중후하며

超山觀梅
宋梅亭
宋梅
七君子廊
潘天壽紀念館
唐梅
浮香閣
古井文化區
三公館

웅혼하기까지 하다. 색조는 질박하고 온후하다. 저서로는 『부려시(缶廬詩)』(4권), 『부려인존(缶廬印存)』(2권)과 많은 화집이 있다.

생전 강소(江蘇)성 소주(蘇州) 초산(超山)의 매화를 끔찍이 좋아했다. 생전 초산에 묻어달라(身後埋於超山香雪塢)고 유언을 할 정도였다. 1932년 아들 오동매(吳東邁)가 이곳으로 이장하고 묘역을 다듬었는데, 제자 제락삼(諸樂三)이 묘비문을 썼다. 매년 청명(淸明)에 일본인 친구와 서령인사(西泠印社) 회원들이 제사 드린다고 한다.

1980년, 여항현 인민정부에서 오창석기념관을 건립하였다. 한백옥(漢白玉)[30]으로 2m 전신상을 만들어 세웠다. 그리고 오창석의 묘는 절강성문물보호단위(江省文物保護單位)로 지정시켰다.

30) 베이징 팡산(房山)구에서 나는 아름다운 흰 돌로 궁전 건축의 장식 재료로 쓰임.

1 _ 오창석의 홍매도(상해박물관에서 촬영)
2 _ 오창석 석상 높이 약 2m
3 _ 오창석 무덤

시비(詩碑)들

오창석 묘소에서 다시 대명당 쪽으로 돌아가니 매화 아래 매화시와 그림을 조각한 바위들이 보인다. 초록색 페인트가 번지도록 칠해 두어 보기 안 좋은 것이 대부분이다. 눈보라 때문에 사진도 잘 안 찍혀 판독이 불가한 것도 여럿 있었다. 일부를 소개한다.

① 상기설압(霜欺雪压)

송나라 오잠(吳潛)의 「소영(疏影)」이라는 사(詞)에서 "문평생(問平生), 설압상기(雪壓霜欺), 득사노지경독(得似老枝擎獨)"이라는 구절에서 따온 듯.

매화는 백화(百花)들의 웃음거리가 될까 봐 눈이 누르고 서리가 업신여김을(雪壓霜欺) 감내하면서 홀로 외롭지만 피어있다는 말이다. 근데 복숭아는 해마다 흐드러지게 피어 뭇사람들의 가슴에 봄을 심어주거든.

② 십리매향(十里梅香) 사해전명(四海傳名)

은허(殷墟) 유적에서 출토된 갑골(甲骨)문자로 집자(集字)한 "십리매향(十里梅香) 사해전명(四海傳名)" 즉 "십리에 이어지는 매화 향기는 천하에 이름을 떨쳤다"라는 글귀이다.

③ 시사매화월(詩寫梅花月) 다전곡우춘(茶煎穀雨春)

송(宋) 황경(黃慶)의 「손님과 마주 앉아(對客)」에 나오는 구절이다. 다도(茶道)를 즐기거나 서예를 하는 사람들이 즐겨 쓰는 글귀이다.

窗下篝燈坐 창하구등좌	창문 아래 등을 밝히고 앉아
相看白髮新 상간백발신	서로 마주보니 백발이 새롭네
共談爲客事 공담위객사	객으로 떠돈 일 함께 나누니
同是異鄕人 동시이향인	우리 두 사람은 다 타향 사람
詩寫梅花月 시사매화월	달빛 아래 핀 매화 시 속에 담고
茶煎穀雨春 다전곡우춘	곡우 물로 차를 다리네
明朝愁遠別 명조수원별	내일 아침 먼 이별 걱정하니
離思欲沾巾 이사욕첨건	이별 슬퍼 눈물이 자꾸 나네

1 _ 십리향설해(十里香雪海)
2 _ 시사매화월(詩寫梅花月) 다전곡우춘(茶煎穀雨春)
3 _ 상기설압(霜欺雪压)
4 _ 십리매향(十里梅香) 사해전명(四海傳名)
5 _ 독령사시춘(獨領四時春)

④ **십리향설해(十里香雪海)**

매화 향기 십리에 뻗친다는 '십리매화향설해'(十里梅花香雪海)의 준말. 즉 초산 매화를 나타내는 말.

⑤ **독령사시춘(獨領四時春)**

명나라 당인(唐寅 : 1470~1532) '매화도(梅花圖)'의 화제(畫題)이다. 원문은 白賁誰為偶, 黃中自保真. 相看經發改, 獨領四時春.

송매와 송매정

대명당을 향하여 걸어가면 돌로 네 기둥을 세우고 그 위에 기와를 얹은 건물이 나타난다. 중앙에 돌탁자가 놓여 있고, 둘레에는 돌걸상(石凳)을 만들어 두었다. 정면에는 변액상유 저명한 서예가 여임천(餘任天 : 1908~1984)이 쓴 글 '송매정(宋梅亭)'이

보인다. 참 예쁘다.

둘레 네 기둥에도 글귀가 빽빽하다. 1923년 봄

주경운(周慶雲 : 1866～1934)

왕수산(王綬珊 : 1873～1938)

요우금(姚虞琴 : 1867～1961)

등이 초산에 놀러와 남긴 시구들이라 한다.

송매정 옆 나무 울타리 안에 두어 그루의 나무가 심겨 있다, 그중 한 그루 앞에 납매왕(臘梅王)이란 이름과 설명문이 보인다. 왕이란 칭호를 받기에는 조금 모자란 듯하다.

송매정에서 소로를 사이에 두고 동쪽으로 들어가면 송매(宋梅)가 나타난다.

송매정 주변의 매화

납매왕 옆에 있는 홍매는 풍후계이다.

송매(宋梅)

주간은 이미 죽어버렸다. 중앙도 비어 있다. 껍질도 화석화되었다. 그런데 꽃은 피어 있다. 단엽과 복엽의 백매들, 붉은색과 분홍색의 꽃, 다양하게 피어있다. 심지어 플라스틱으로 만든 꽃 몇 송이도 가지에 붙여두었다. 송매 주변에는 용유매(龍游梅), 고매 몇 그루가 보인다.

매화 아래 바위에는 송매에 대한 설명이 새겨있다. 중국에는 5대 고매(古梅)가 있는데, 바로 초매(楚梅), 진매(晉梅), 수매(隋梅), 당매(唐梅), 송매(宋梅)가 그것이다. 이곳 초산에는 그중 2그루가 있으니 당매와 송매이다.

이곳 송매는 송(宋) 소식(蘇軾)이 항주에서 옮겨 심은 20주 중 한 그루였다고 1933년 진영(陳嶸) 교수[31]는 추정한 바가 있다. 1933년 2월 고사(枯死)하였는데, 꽃은 흰색이었고, 꽃잎은 5개 또는 6개였다. 지금의 송매는 명나라 때 뿌리에서 새로운 가지가 나와 자란 것으로 보이는데, 1942년 증면(曾勉) 교수와 1962년 진준유(陳俊愉) 교수가 이를 확인하고 5~6백년 된 '명매(明梅)'라 이름을 바꾸자고 제안한 바 있었다. 그럼에도 아직 송매라 부르고 있다.

초산풍경구의 자랑 중 하나가 꽃잎이 6개가 있는 매화나무이다. 우리나라에서도 6

31) 陳嶸(1888年3月2日－1971年1月10日), 原名正嶸, 字 宗一, 浙江安吉人。中國同盟會會員, 九三學社科技文教委員會委員, 任金陵大學森林系教授、森林系主任。林學家、林業教育家、樹木分類學家, 中國近代林業的開拓者之一, 中國樹木分類學的奠基人之一, 培養了大批林業人才。

몇 송이 흰 꽃이 피어있는 고매

엽의 매화가 발견된다. 바로 화엄사 흑매이다. 꽃이 높이 달려있어, 또 꽃잎이 너무 작아서 무심하게 지나쳐버리는 경우가 많아서 잘 알지 못하는 것 같다. 사진을 찍어 확대를 해 보면 확인할 수 있다. 아니면 이를 접목시켜보는 것도 확인할 수 있는 하나의 방법이 될 것이다.

대명당(大明堂)

대명당은 초산(超山) 북쪽 기슭, 보자사(報慈寺) 향해루(香海樓)가 있던 자리에 있다. 초산 주봉의 정기가 뻗어 내려 한곳에 모이는 최고 길지이다. 1933년 도적들이 불을 질러 잿더미가 되었으나 복구시켰다.

대명당이라는 당호가 적힌 문을 통해 들어가니 홍매들이 장관을 이룬다. 회랑의 벽에는 매화를 상징하는 5엽창(梅花形窗洞)이 뚫려있다. 대명당의 주 건물은 부향각(浮香閣)인데, 남송(南宋) 전성기의 기초를 다진 황제 진종(眞宗 : 재위 997～1022)[32]이 세운 건물이라고 간판에 적혀있다. 저명한 서예가 사맹해(沙孟海)의 편액이 걸려있다.

32) 조항(趙恒 : 968 ～ 1022)

주변 일대에는 우물지도 보이고 절터였음을 짐작케 하는 관세음보살상도 보인다. 석비도 하나 있다. '역월석림석고문(易越石臨石鼓文)'이란 제목의 비석이다. 황사잠(黃思潛 : 1907 ~ 1985)이 제목을 적고, 하양(河陽) 류초당(劉楚堂)이 비문을 썼다고 되어있다. 석고문(石鼓文)은 중국에 남아 있는 가장 오래된 석각문자(石刻文字)[33]

33) 10개의 석고는 각각 오거(吾車) · 견면(汧沔) · 전거(田車) · 칙홀(勅來) · 영우(霝雨) · 작원(作原) · 이사(而師) · 마천(馬薦) · 오수(吾水) · 오인(吳人)으로 나누어진다. 사냥에 대한 내용이었기에 당시에는 '엽갈'(獵碣)이라고 불렀다.

칠군자청(七君子廳) 내부

1 2
2 2
3 3 3

1 _ 부향각(浮香閣)과 당매
2 _ 부향각(浮香閣) 내부
3 _ 부향각 안 제9회 초산매화절 특별전

이다. 당나라(618~907) 초기에 산시 성[陝西省] 천흥현(天興縣 : 지금의 펑샹 현[鳳翔縣])에서 발견되었다. 돌로 만든 북 모양인 석고는 모두 10개였는데, 각 돌마다 4언시 1수 씩 새겨져 있었다. 1931년에 마헝[馬衡]이 '석고위진각석고(石鼓爲秦刻石考)'란 글을 쓴 후 진(秦)나라 때의 석각문자임이 공인되었다. 2,000여 년 이상의 세월을 지내는 동안 표면이 많이 벗겨지고 부서져 나가서 지금은 새겨졌던 글자는 한 자도 남아 있지 않다. 그러나 오래전 떠둔 탁본(拓本)이 남아 있는데, 북송(北宋 : 960~1126) 때의 탁본이 가장 이른 시기의 것이다. 진품은 베이징[北京] 구궁[故宮] 박물관에 소장되어 있다. 오창석(吳昌碩)이 석고문(石鼓文)을 연구하면서 글씨를 배웠다고 해서 이곳에 비석을 세운 듯하다.

드디어 당매(唐梅)를 만나다

대명당 경내에 들어왔지만 당매 가까이 가는데 한참이 걸렸다. 물론 먼발치서 자꾸 훔쳐보았지만. 에워싸고 사진 찍는 탐매객들 사이에 끼이고 싶지 않았기 때문에, 암향을 느낄 수 없을 것 같아서, 또 촬영팀이 자리를 뜨지 않아 사진 찍을 수 없을 것 같아서 그럴 수도 있었다. 그러나 잠시만이라도 혼자 마음껏 향유하고 싶어서 였을지도 모른다. 사모했던 사람을 만나러 갔을 때 쉬 다가가지 못하고 멀리서 한참을 망설이는 것도 같은 이치이려나?

당(唐 : 618~907) 개원연간(開元年間 : 713년 12월~741년 12월)에 심은 것으로 추정되는 이 나무는 지금 내 눈앞에 있다. 그것도 하얀 꽃을 피우고 말이다. 매화나무의 수명은 보통 100년 전후로 알려져 있다. 그런데 1300년을 살아온 매화를 친견하려니 경외심(敬畏心)이 절로 든다.

2014년 2월 운남(雲南)성 쿤밍[昆明]으로 탐매 여행을 간 적이 있었다. 헤이룽탄[黑龍潭]과 서산의 화정사(華亭寺)와 옥난원(玉蘭園) 안녕시(安寧市)의 조계사(曹溪寺), 그리고 반룡사(盤龍寺) 등의 고매를 보고 왔다. 헤이룽탄[黑龍潭]에서는 당매(唐梅)를, 조계사(曹溪寺)와 반룡사(盤龍寺)에서는 700년 된 원매(元梅)를, 다른 곳에서는 200년이 넘은 청매(淸梅)들을 보고 왔다. 그러나 당매와 원매 중 한 주는 이미 죽어버렸음을 확인할 수 있었다. 그래서인지 이번 당매 역시 온전할 것으로 생각하지는

않았다.

2018년 3월 상해의 하이완해상공원에서도 당매를 보았다. 골홍 종류라 한다.

대명당 뒤에도 볼거리가 많이 있다. 소위 등산구역(登山區域)이라 부르는 곳이다. 중성전(中聖殿), 상성전(上聖殿), 호암(虎岩), 팔선정(八仙亭), 청련사(青蓮寺), 옥희사(玉喜寺), 묘희사(妙喜寺) 등이 그곳이다. 찾아가는 길 주변에 매화를 많이 심어 두었음은 물론이다.

대명당 경내에도 소개 못 드린 곳도 많이 있다. 이곳에는 두 분의 유골을 모시고 있다. 앞에서 설명한 우창숴[吳昌碩 : 1842 ~ 1927]와 판톈서우[潘天壽 : 1897 ~ 1971][34] 가 그 주인공이다. 스승과 제자 사이지만 긴밀하게 사귀면서 시와 그림을 논의하였다. 판톈서우기념원은 패방 옆 언덕 위에 있다.

패방을 나와 북문을 향하여 걸어가다 보면 선경(仙境)이 펼쳐진다. 넓은 잔디밭도 일품이려니와 그 사이사이를 흐르는 실개천도 예쁘다. 돌다리, 정자 그 사이사이 매화들은 피어있다.

그리고 매화들

초산(超山)에 매화를 심은 지는 오대십국(五代十國 : 907 ~ 979)시대 후진(後晉 : 936 ~ 946) 때이었으니 지금으로부터 1천 년이 넘었다. 초산의 특색으로 '넓다(廣) · 오래되었다(古) · 기이하다(奇)'를 꼽는다. 180만 평에 이르는 넓은 면적에 심겨있다. 중국에 있는 '초 · 진 · 수 · 당 · 송' 5개 시대의 고매(古梅) 중 초산에는 당나

34) 저장 성[浙江省] 닝하이 현[寧海縣] 출신인 판톈서우의 본명은 톈서우[天授], 자는 다이[大頤], 호는 서우저[壽者]. 어린시절부터 서화를 좋아하였다. 항저우 저장 제일사범학교에서 징헝이[經亨頤] · 리수퉁[李叔同]의 지도로 다방면에 기초를 닦았다. 서위(徐渭) · 진순(陳淳) · 석도(石濤) · 8대가(八大家)에 대하여 깊이 연구했고, 1923년 가을 상하이 미술전문학교 중국화과 전임 교수로 중국화와 중국미술사를 강의했다. 1928년 봄 항저우 국립 시후[西湖] 예술원의 중국화과 주임교수, 1944년 충칭[重慶] 국립예술전문학교 교장, 1957년에는 저장미술대학 학장과 중국미술가협회 부주석 및 저장 분회 주석을 맡았다. 화조화(花鳥畫)에 뛰어났으며, 화훼 · 대나무 · 돌을 소재로 근경산수(近景山水)를 즐겨 그렸다. 저서는 『중국회화사(中國繪畫史)』 · 『청천각화담수필(聽天閣畫談隨筆)』 · 『중국서법사(中國書法史)』 · 『치인총담(治印叢談)』 등이 있다.

라 매화와 송나라 매화 두 그루가 있다(古). 또 보통 매화는 꽃잎이 5개인데 초산에만 꽃잎이 6개인 매화꽃이 있어 기이하다(奇)고 한다.

TIP _ 상해박물관의 남종정맥(南宗正脈) 특별전

'남종정맥(南宗正脈):상해박물관장 누동화파 예술전(上海博物館藏婁東畫派藝術展) – The orthodox lineage of the southern school:the art of Loudong school in the collection of Shanghai Museum' 특별전을 2012년 1월 보았다.

누동(婁東)은 강소성 타이창시[太倉市]의 옛 이름이다. 강소성과 상해특별시 경계 지점인 장강 삼각주 하류 지역에 위치하는데, 인구는 70만 정도이다. 2015년 10월 20일 청송군과 우호교류 의향서를 체결한 시이기도 하다. 이곳에서 300년 전 중국미술사의 한 유파가 태어났는데, 지금까지 큰 영향력을 지니는 화파가 누동화파이다. 동기창(董其昌:1555～1636)의 벗 왕시민(王時敏:1592～1680)과 그의 손자 왕원기(王原祁:1642～1715), 왕감(王鑑:1598～1677)이 핵심인물인데, 모두 타이창 출신이다. 이곳에서 가까운 우산, 즉 장쑤성[江蘇省] 창수[常熟] 출신인 왕휘(王翬:1632～1717)는 왕감에 사숙하여 우산화파(虞山畵派)를 열었다. 이 4명의 왕씨 화가들을 "사왕(四王)"이라 칭한다. 여기에다 오운, 운수평을 더하여 사왕오운(四王吳惲)이라 하는데, 동기창의 화론을 따라 복고풍의 그림을 그린 이들이다. 청 왕조에서 이들의 그림을 정통파로 인정함으로 청초의 화단에 대단한 세력을 누렸다. 이들이 청조에서 정통파로 인정받음으로 사왕오운을 청초의 대표적 화가로 다루었으나 오늘에 와서는 평가가 달라진다.

TIP _ 중국의 고매

고매(古梅)는 보통 수령이 150년 이상된 것을 말한다.

초매(楚梅)

후베이[湖北]성 징조우시[荊州市]의 동쪽 샤시[沙市] 장화사(章華寺) 경내에 있다. 초(楚:403～223 BC)나라. 초령왕(楚靈王, 540～529 BC)때 심었다니 2500년이 넘는 나무이다.

진매(晋梅)

후베이[湖北]성 황메이[黄梅]시 '강심고사(江心古寺)' 옛터. 『황매현지(黃梅縣志)』에 동진(東晉:317년～420년)의 지둔(之遁:314～ 366)큰스님이 직접 심은 것이라 되어있다. 겨울과 초봄 두 번 꽃이 핀다하여 〈이도매(二度梅)〉라고도 불린다.
정걸(程杰)의 『중국매화명성고(中国梅花名胜考)』에는 금릉 도곡(金陵陶谷)에 육조 시대(六朝時代:229～589)의 매화, 즉 '육조매(六朝梅)'도 있다고 소개되어 있다

수매(隋梅)

저지앙[浙江] 천태산(天台山) 국청사(國清寺) 대웅전 동쪽에 있다. 수(隋:581～618)나라 때 중국천태종(中國天臺宗) 개종조(開宗祖)인 지자대사(智者大師, 본명, 智顗:538～597)가 심

唐梅
唐梅

었다고 전해지는 매화이다. 수년전 고사하였는데, 최근 고목에서 새가지가 돋아나와 꽃 피고 열매 맺었다고 한다.

당매(唐梅)

항주 초산 대명당(大明堂) 원내에 있다. 당(唐 : 618 ~ 907)나라 개원연간(開元年間:713~741)의 것으로 추정되는 나무다. 그 외 곤명 흑룡담(昆明黑龍潭), 대리 영회사(大理靈會寺), 육합 장과노(六合張果老), 여항 임평 안은사(餘杭臨平安隱寺)에서도 당매가 확인된다. 헤이룽탄[黑龍潭] 조사전(祖師殿) 안에 있는 당매의 경우, 개원 원년(開元 元年:713)도안화상(道安和尚)이 심은 것으로 전해진다. 1923년 죽었는데 그 밑둥과 가지 일부가 남아있다. 2014년 2월 찍은 사진이다.

송매(宋梅)

송나라(宋:960~1279) 때 매화이니 나이가 600~1000살 사이이다. 매화의 꽃잎은 단엽인 경우, 보통 5개인데 초산 대명당(大明堂)에 있는 송매는 6개, 즉 육판(六瓣)이라 특이하다. 광동(廣東)성 매주(梅州) 조당강정(潮塘崗頂)에 있는 매화는 진매계(真梅係) 직매류(直梅類) 궁분화매(宮粉花梅)이다. 높이(樹高) 약 10m, 폭(冠幅) 16m, 주간 직경(主幹直徑) 75cm 정도된다. 꽃은 중판으로 분홍색이다. 『매국제등록년보(梅國際登陸年報)』에 '조당궁분(潮塘

宮粉)'이라는 이름으로 국가일급고수(國家一級古樹)로 등록되었다. 가흥 수수 둔야(嘉興秀水遯野)와 항주 남관서(杭州南關署), 그리고 소주 창문외 적선암(蘇州閶門外積善庵)에도 송매가 있다. 구양수(歐陽修:A.D. 1007～1072)가 심었다는 저주 취옹정(滁州 醉翁亭)의 구매(歐梅)와 화주풍산두촌(和州豐山杜村)의 두묵(杜默:1019～1085) 수식매(手植梅)도 송매에 포함된다.

원(元 : 1271～1368), 명(明 : 1368～1644), 청(淸:1636～1912)대에 이르러서는 고매들의 수가 폭발적으로 늘어난다. 특히 운남성과 광동성 등 남부지방에서 많이 발견되었다.

한편 북경임업대학 왕치차오[王其超]는 원 지원(志元) 13년(1276) 찰미과사(扎美戈寺) 건립시 심은 매화를 매수지왕(梅樹之王)이라 부르며 지구상 살아있는 가장 오래된 매화라 칭한 바 있다. 모계씨족사회를 지키는 모쑤족이 살아가는 루구호[瀘沽湖] 호반에 있는 티베트불교사원이다.

세계 최대의 매화정원
중산능원中山陵園 매화산梅花山

장쑤성[江蘇省] 난징[南京]

남경(南京)의 중산능원 매화산(中山陵園梅花山)은 무석(无锡) 영씨매원(荣氏梅園) 무한(武漢) 동호마산매원(東湖磨山梅園)과 더불어 중국 현대 3대매원으로 꼽힌다. 상하이[上海] 정산호(淀山湖, 澱山湖)] 대관원매원(大觀園梅園)과 더불어 중국 4대매원에 꼽히기도 하였다.

2015년 1월 18일 남경중산능원 매화산(南京中山陵园梅花山)을 찾았다. 줄여서 난징[南京] 매화산(梅花山)이라 한다.

남경의 옛 이름은 건강(建康)이었다. 동진(東晉)은 건업의 진황족인 사마예(司馬睿)가 휘하 심복들과 호족들의 뜻을 모아 세운 나라이다. 즉 서진(西晉)이 흉노 출신의 유연(劉淵)이 세운 한(漢-전한, 후한과는 관련 없음)나라에 멸망했다는 소식이 전해진 직후이다. 원제(元帝) 사마예는 서진 마지막 황제 민제(愍帝) 이름 사마업(司馬鄴)의 업(鄴)이 건업(建業)의 업과 음이 같다 해서 이를 피하려고 건강이라 고쳤다. 이 이름은 송(宋), 원(元) 시대까지 계속 쓰였다.

『삼국지(三國志)』의 3영웅(조조, 유비, 손권) 중의 한 사람인 손권(孫權 : 182～252)은 3세기 초 이곳에 오나라를 세워 6조(六朝)의 도읍이 되는 기반을

닦았다. 당시 이름이 건업이었던 이곳에 신하 장굉(張紘 : 153～212)이 다음과 같이 천도(遷都)를 청하자 받아 들였던 것이다.

"말릉(秣陵)은 초무왕(楚武王)이 설치하고 금릉(金陵)이라고 이름을 붙였사옵니다. 산등성의 지세가 돌마루로 이어져 고로(故老)를 찾아가 물어보았더니 '옛날 진시황이 회계로 순행할 때 이 현을 지났는데 망기(望氣)하는 사람이 금릉의 지형을 보니 왕이 도읍할 기가 있다고 하자 산줄기를 파서 끊고 말릉으로 개명하였다'고 하였사옵니다. 지금도 그곳이 남아 있고 땅에는 그 기운이 있으니 하늘이 명한 곳이옵니다. 마땅히 도읍으로 삼으셔야 하옵니다."

이후 진(晉) · 송(宋) · 양(梁) · 진(陳)나라 등에서 이곳을 수도로 삼았다.[35] 당(唐)대

35) 남조라 하면 유유(劉裕)가 건업(建業)에 세운 송(宋:420～479년 8대 60년 지속), 소도성(蕭道成)이 세운 제(齊:479～502, 7대 24년 지속), 소연(蕭衍)이 세운 양(梁:502～557 4대 56년), 진패선(陳霸先)이 세운 진(陳:557～589 5대 33년간 지속)를 가리킨다. 손권의 오(吳)나라와 동진(東晋), 그리고 이 4왕조를 합쳐 육조(六朝)라 부르기도 한다. 즉 남방에 존재했던 여섯 왕조를 일컫는 말이다.

명효릉(明孝陵)

에는 금릉(金陵)으로 불렸다. 14세기 말 주원장이 명(明)나라를 일으키며 이곳을 북쪽의 북경과 버금가는 도시로 만들기 위해 남경(南京, Nánjīng)이라 명명하였다.

1853년 기독교 성격의 사회운동인 태평천국운동의 지도자 홍수전이 이곳에 들어와 수도로 삼고 천경(天京)이라 하였다. 쑨원의 중화민국도 이곳에서 처음 일어났고 1928년 장제스의 국민당 정부의 수도가 되었다. 1937년 일본군의 침공으로 대 참살극인 남경대학살이 벌어지기도 하였다. 1940년 3월에 중화민국 국민정부가 충칭으로 후퇴하면서 새로 수립된 국민정부(왕징웨이 정권)의 수도가 되었다. 이후 중일전쟁에서 승리한 장제스 정부는 수도를 다시 난징으로 이전하였다. 1949년 10월 1일에 국공내전에서 승리한 중국 공산당의 주도하에 중화인민공화국이 건국되면서 직할시가 되었고, 1953년에 장쑤 성의 성립과 함께 성도가 되었다. 1994년에는 부성급시로 승격되었다.

매화산이 있는 자금산 일대를 '종산풍경명승구(鐘山風景名勝區)'라 부르는데, 중산릉(中山陵)을 중심으로 자금산과 현무호 양대 구역을 포함한다. 총면적이 약45㎢

명효릉경구 관람안내도(明孝陵景區導覽圖)

(13,612,500평)에 이르는 중국 제일의 국가급풍경명승구지 중 하나이다. 중산릉경구(中山陵景區), 명효릉경구(明孝陵景區), 영곡경구(靈谷景區)로 나누어진다.[36)]

매화는 1천3백6십만여 평에 달하는 종산풍경명승구 전 지역에 재배되고 있지만 가장 많은 곳은 명효릉경구이다. 즉 석상로(石象路)에서 명효릉(북)에 이르기까지, 자벽진구(自霹震沟)에서 옹중로(翁仲路) 까지이다.[37)] 즉 남경 동북쪽 자금산(紫金山) 남쪽 능선, 즉 종산(鐘山)에 있는 야트막한 동산인데, 매화곡공원(梅花谷公園)과 중국남경

36) 종산풍경명승구의 중요 명소는 다음과 같다. 鐘山風景名勝區 http://www.zschina.org.cn/
중산릉경구(中山陵景區) – 博愛坊 陵門 碑亭 祭堂 行健亭 音樂台 孝經鼎 光化亭 孫中山紀念館 仰止亭 流徽榭 美齡宮
명효릉경구(明孝陵景區) – 下馬坊遺址公園 四方城 石象路 梅花山 梅花谷公園 紅樓藝文苑 文武方門 方城明樓 中國南京梅花藝術中心 東吳大帝孫權紀念館 明東陵遺址 紫霞湖
영곡경구(靈谷景區) – 萬工池 紅山門 無梁殿 鄧演達墓 譚延闓墓 陣亡將士牌坊 陣亡將士公墓 志公殿 靈谷塔 八功德水 靈谷深松 靈谷寺

37) 南京梅譜 編委會 2001『南京梅譜』p3

매화예술센타(中國南京梅花藝術中心) 주변 일대다. 세계문화유산으로도 지정된 곳이어서 남경매화산은 중국에서 유일한 세계유산 경내의 매화감상지(賞梅勝地)이다.

명효릉 경구의 이모저모

종산풍경명승구에는 출입문이 여러 곳에 있다. 매화 구경이 주목적이라면 남서쪽에 있는 명효릉경구의 제3호 문으로 입장[38]하면 된다. 매화곡공원(梅花谷公園)이 시작되는 곳이다. 1928년 쑨원[孫文]의 묘인 중산릉(中山陵)을 만들면서 6천여 그루의 매화를 심어 그때부터 매화산이라고 불렀다. 매화산을 포함하는 매화곡은 총면적이 100만㎡(약 30만평)에 달하는데, 330여 품종 3만 주의 매화가 심겨있는 곳이다.

이곳의 주요 볼거리로는 유수정(惟秀亭)[39], 상표별관(商飆別館), 대상소명(台想昭

38) 명효릉경구만 관람할 수 있는 입장권은 70위안인데, 종산풍경명승구 전부를 관람하려면 100위안을 지불해야한다.

39) 송렴(宋濂)이 종산에 유람 갔을 때 남긴 유종산기(游鐘山記)의 정의망원(亭宜望遠), 유수영춘(惟秀永春)이라는 글귀에서 그 이름이 연유한다.

明), 매화장운(梅花妝韻), 고천석각(告天石刻)[40], 생태습지(生態濕地), 연작호(燕雀湖), 마릉과(馬陵瓜) 등을 꼽을 수 있다.

제3호문으로 들어선 지 얼마 되지 않아 기와집 한 채가 나타난다. 용마루가 없는 것을 보니 왕실과 관련 있는 건물인 듯하였다. 가까이 가 보니 '문학수범(文學垂范)'이라는 편액(匾額)이 붙어 있다. 수범(垂范)이라 적혀 있으니 이곳이 대상소명(台想昭明)인 듯하다. 소명태자(昭明太子)가 매화나무 아래서 책을 읽는 모양의 조각품도 있다. 양(梁) 무제(武帝)[41] 황태자 소명태자 소통(蕭統 : 501～531)를 모시는 곳이다. 불

40) 명나라 제3대 황제(재위 1402년～1424년) 성조(成祖) 즉 영락제(永樂帝:1360년 5월 2일～1424년 8월 12일)는 주체(朱棣)이다. 그는 부왕 주문장이 병이 들어 누웠을 때 하늘에 바치는 글(祭天文告)을 남겼는데, 이를 새긴 비석이 고천석각(告天石刻)이다. "登遐日遠,痛懷喪葬之未, 親崩失年又益感劬勞之未報" 등의 구절이 있다.

41) 양 무제(梁 武帝:464～549)는 중국 남북조시대 양나라의 초대 황제(재위:502년～549년)이다. 본명은 소연(蕭衍). 그의 아들 소통(蕭統) 즉 소명태자는 후량의 고종(高宗)으로 추승된다.

대수	묘호	시호	성명	연호	재위기간	능호
-	양고조(梁高祖)	무황제(武皇帝)	소연(蕭衍)	-	-	수릉(修陵)
-	후량 고종(後梁高宗) (후량 선제 추숭)	소명황제(昭明皇帝)	소통(蕭統)	-	-	-
1대	후량 중종(後梁中宗)	효선황제(孝宣皇帝)	소찰(蕭詧)	대정(大定) 555～562	555년～562년	평릉(平陵)
2대	후량 세종(後梁世宗)	효명황제(孝明皇帝)	소규(蕭巋)	천보(天保) 562～585	562년～585년	현릉(顯陵)

명효릉경구의 제3호문

교를 숭상하고 문학을 좋아하였고『문선(文選)』[42]이라는 시문집을 편찬하였던 자이다. 이를 보아 매화의 남조(南朝) 양나라 때부터 이곳이 매화 재배지였다는 것을 나타내기 위하여 만든 장소인 듯하다.

이곳에 매화를 가꾸기 시작한 정확한 시기는 알 수가 없지만 각종 문헌에는 춘추시대(春秋時代 : B.C.770 ~ B.C.476)부터라고 되어있다. 남조 양(梁)의 소명태자(昭明太子 : 501 ~ 531)를 거쳐 매화 재배의 전성기였던 송나라에 이르기까지 계속되었을 것 같다. 명나라 만력년간(萬曆年間 : 1573 ~ 1620) 국자감(國子監) 좨주(祭酒)를 지

3대	후량 공종(後梁恭宗)	후주(後主) 효정황제(孝靖皇帝)	소종(蕭琮)	광운(廣運) 586 ~ 587	585년 ~ 587년	-

42) 중국 양(梁)나라의 소명태자(昭明太子) 소통(蕭統)이 진(秦) · 한(漢) 이후 제(齊) · 양(梁)대의 대표적인 시문을 모아 엮은 책. 30권으로 되어 있으며 '소명문선'이라고도 한다. 여기에 실린 문장가는 130여 명으로, 이 가운데 무명작가의 고시(古詩)와 고악부(古樂府)도 포함되어 있다. 문체별로 부(賦) · 서(序) · 논 · 제문 등 39종으로 나누었으며, 시는 443수이고 나머지 작품 317편을 수록하였는데 그중 부가 가장 많다. 우리나라에서는 신라 독서삼품과의 상품(上品) 시험과목으로『논어』·『효경』·『예기』·『춘추좌씨전』 등과 함께 부과되었다. 이『문선』은 우리나라 한문학에 큰 영향을 준 책으로 중요하게 평가되고 있다. 조선 초기의 문신 서거정(徐居正)은 우리나라의 대표적인 시문을 엮어『동문선』이라 하기도 하였다.

문학수범(文學垂范)이라는 편액(匾額)이 붙어 있다

낸 풍몽정(馮夢禎)의 『영곡사탐매기(靈谷寺探梅記)』가 최초의 문헌이다. "영곡사 동 2리에서 북쪽으로 100보 쯤 가면 매화마을이 나타난다."라는 기사이다. 명나라 이전에 매화를 많이 재배하였던 것 같다.[43)]

앞에서 광복향 향설해를 설명할 때 공자진(龔自珍)의 『병매관기(病梅館記)』를 언급하였다. 청 선종황제 때에 경세(經世)사상가였던 그가 쓴 이 책 첫머리에 "강녕지룡반(江甯之龍蟠), 소주지등위(蘇州之鄧尉), 항주지서계(杭州之西溪), 개산매(皆產梅)"라는 구절이 나온다. 강녕(江甯)은 옛 강녕부 소재지로 지금의 강소성 남경을 일컫는다. 용반(龍蟠)은 용반리인데, 남경청량산(南京清涼山) 아래, 즉 매화산이다. 이 매화산은 청나라 때 등위(鄧尉) 즉 소주 향설해 그리고 서계(西溪)와 더불어 매화 감상하는 최고의 장소였다.[44)]

들길을 걷는 기분으로 거닐다보면 구석구석 시(詩)를 새겨둔 바위들이 나타난다.

43) 「越靈谷而東二裡許, 北行百步, 達梅花塢下。」
44) 2층 전시실의 '용반시매(龍蟠蒔梅)'라는 제목의 패널 참고.'

처음 나타난 것은 위진 남북조(魏晉南北朝 : 221~589)시대 육개(陸凱)가 장안에서 『후한서(後漢書)』 저자인 친구 범엽(范曄 : 398~445)에게 매화 가지를 선사하면서 보낸 시이다. 그 후 역사(驛使)라는 시구는 매화를 봄의 전령사로 은유된다.

折梅逢驛使 절매봉역사　　매화나무 가지를 꺾다가 역부를 만나
寄與隴頭人 기여농두인　　한 가지 묶어 그대에게 보내주오
江南無所有 강남무소유　　강남 빈털터리 무엇이 있으리오
聊贈一枝春 료증일지춘　　겨우 봄꽃 한 가지 꺾어 드리노라

전서(篆書)로 되었지만 매화를 좋아하는 사람라면 대부분 알고 있는 시이다. 반가운 마음으로 함께 흥얼거리며 걷다보면 대부분 즐겨 읽었던 시비(詩碑)들을 연이어 만날 수 있다.

'청계사원(淸溪思源)'이란 힘과 멋이 있는 글자도 있다. 누구의 글씨 인고 찾아보았더니 진중명(陳仲明)[45]의 작품이란다. 중국의 저명한 서예잡지 『서법보(書法報)』에 「조선서법사(朝鮮書法史)」를 연재한 남경사범대학 문학원 교수이다. 고구려 서법을 연구한 「조 웅혼적고구려서법(粗 雄渾的高句麗書法)」이라는 논문을 남긴 분이기도 하다.

조금 더 걸어가면 제법 넓은 잔디밭이 나타난다. 수양공주를 기리는 장소, 즉 '매화장운(梅花妝韻, 妆韵)'이라는 광장이다. 그 끝에 비스듬히 누운 아리따운 여인의 동상이 나타난다.

산이라기보다는 나지막한 평지 같은 매화산을 거니노라면 그 가운데 현대 건물이 나타난다. 입구에 중국남경매화예술중심(中國南京梅花藝術中心)이라 쓴 비석이 보인다. 중국의 유명한 매화학자 고(故) 천쥔위[陳俊愉]의 글씨다.

45) 국가급 중점문물보호단위나 국가중점풍경명승구인 남경고루, 남경부자묘 패루, 남경 열강루, 남경 정화기념당, 남경 감희댁제, 양주 평산당 종루와 고루, 광동 남관고묘, 안휘 랑야산 대웅보전, 태주 망해루 비원, 태주 노가패루, 강소 고은행삼림공원, 서주 팽조원, 건축대사 양정보 고거 등에 그의 작품이 있다. 특히, 안휘(安徽) 랑야산(琅玡山) 랑야사(琅玡寺)에 길이가 8m인 '대도무변(大道無邊)'이라는 4자가 '구문소자(歐文蘇字)', 즉 구양수의 글과 소동파의 글씨인 '취옹정기(醉翁亭記)'와 이웃하고 있다. 그의 대표 저서로 천진인민미술출판사에서 펴낸 『진중명서법집(陳仲明書法集)』이 있다.

매화장운

소명태자 조상

'역사(驛使)' 시비

중국남경매화예술센터(中國南京梅花藝術中心)

2013년 2월 개관한 이곳의 300여 건 매화 관련 전시품은 중국 최대 규모라 한다. 서적, 자기, 차주전자(紫砂), 글, 그림, 사진, 우표, 자수, 조각, 민속공예품 등 매화 예술품(梅花藝術品)들이 전시되어 있다. 중국 매화 재배 역사 뿐 아니라 매화의 분류, 재배법 등 알기 쉬운 설명과 더불어 사진을 함께한 패널을 보니 노력이 느껴진다. 실외 전시품으로는 분매(盆梅), 매화 조각품 등이 있으며, 정원에는 다종 다양한 매화를 심어 두었다. 이곳에는 매화 연구 및 학술토론회 등의 활동 뿐 아니라 매화시 짓기, 매화 공예품 만들기 등 매화 사랑 운동도 함께 펼친다고 한다.

'매화예술센터'라 이름 하였지만 '매화문화박물관'이라고 이름하는 편이 나을 듯하였다. 수십 개에 이르는 패널과 전시품들을 일일이 촬영하였다. 『남경매보(南京梅譜)』 등 책 3권을 구입한 뒤 이곳을 나왔다. 아침 9시에 입장하였는데, 벌써 12시이다. 한두 송이 피어있는 매화지만 향기는 충분히 느낄 만 하였다. 가져온 빵과 과자로 간단히 요기하고 길을 재촉한다.

손권묘유지(孫權墓遺祉)

'손권묘유지'라는 안내비석이 나타난다. 명나라를 세운 주원장(1328~1398)의 묘인 효릉(孝陵)으로 가는 길목이다. 매화산의 옛 이름은 '손릉강(孫陵岡)'이었다. 손권의 무덤이 있었기 때문이니라. 신봉원년(252년) 4월, 중국 역사상 보기 드물게 칠순이 넘은 71세 때 사망하였다. 사후 묘지는 지금의 자금산(紫金山)인 종산(鍾山) 부근으로 정해진다. 손권 묘는 개략적인 위치만 전해질 뿐이다. 손권 묘를 서릉(西陵) 혹은 장릉(蔣陵)이라고 부르기도 했다. 손릉(孫陵)이라고 칭하는 경우는 드물었다. 종산(鍾山), 즉 자금산은 과거 장산(蔣山)이라고 불렸다. 한나라 말 말릉위 장자문(蔣子文)이 도적을 쫓다가 이곳에서 사망하자, 손권은 그를 위하여 묘를 세웠고, '장후(蔣侯)'에 봉하였다. 손권은 조부 이름이 손종(孫鍾)이어서 이를 피하여 '종'자를 쓰지 않고 '장산'으로 개명한 것이었다. 그래서 손권 묘는 산의 이름을 따서 '장릉'이라고 부른 것이다.

1 _ 동오대제손권기념관(東吳大帝孫權紀念館)과 손권 동상
2 _ 동오대제손권기념관 내부
3 _ 옹중로(翁仲路)

『경정건강지(景定建康志)』, 「풍수. 고릉(권43)」에는 "장산(蔣山)의 남쪽에 있고, 성에서 15리 떨어져 있다"고 되어 있다. 즉 손권 묘는 지금의 중산능원 내 매화산(梅花山)일대이고, 주원장의 능인 명효릉 정남향이다. 현재 그저 높은 언덕만 남아있을 뿐이고, 지상 유적지는 남아있지 않다. 단지 매화 나무 밑 큰 바위 몇 개가 남아 있는 곳이라 추정할 뿐이다.

그 후 사람들이 석비, 석상 등을 세워 손권을 기렸다고 한다.

동오대제손권기념관(東吳大帝孫權紀念館)

2012년 12월 25일 '동오대제손권기념관(東吳大帝孫權紀念館)'을 완공하고 문을 열었다. 이날 '손권이야말로 남경을 수도로 정한 최초의 황제'임을 선포하였다고 한다.

继位吴侯 统领江东

Inherited the State of Wu Ruling the Jiangdong Region

建安五年（200），孙策单骑出猎遭射杀，年仅26岁。死前将讨逆将军和吴侯印绶交给孙权，说道："举江东之众，决机于两阵之间，与天下争衡，卿不如我；举贤任能，各尽其心，以保江东，我不如卿。"希望部下共保孙权。

孙权继位吴侯时，年仅18岁，虽已拥有江东诸郡，但人心未服。关键时刻孙策生前部将张昭、周瑜力挺孙权。孙权则待老臣张昭以师礼，用旧臣周瑜、程普、吕范等统率军士，将追随父兄的旧部团结在自己周围，确保了权力的顺利实施和地位的巩固。

■ 周瑜画像

汉末的巨大变乱，给孙氏提供了走向历史前台的机缘。孙权在重用孙策旧部的同时，亦招纳名士，将北方流寓江南的鲁肃、诸葛瑾等视为座上客，建起属于自己的得力的政治与军事班子，取得了割据统治的成功。

■ 喜纳鲁肃

虎踞龙盘 定都建业

Took the Dominant Center, Making Jianye the Capital

즉 A.D. 252년 종산 남쪽 기슭 매화산 아래 만들어진 이 무덤이 남경 최초의 황제 무덤이라고 확인된 것이다. 종산 최고(最古)의 어른이 된 셈이다. 7,650㎡ 부지 위에 소주박물관 신관(蘇州博物館 新館)과 같은 원락식조합방식(院落式組合方式)과 강남 민가의 풍격(江南民居風格)을 더하여 설계한 건축물이다.

영웅소년(英雄少年), 삼국쟁웅(三國爭雄), 건도립업(建都立業), 혼계종산(魂係鍾山)이라는 4개가 중요 전시 주제이다. 3D영상 · 조형물 · 그림 · 설명 페널 등 다양한 전시방법을 동원하여 손권(孫權)과 삼국(三國), 손권과 남경, 손권과 종산의 역사적 연원 등을 설명하려고 애쓴 흔적을 곳곳에서 볼 수 있었다.

1993년 중산능원관리국에서 매화산 동쪽 언덕 뒤에 '손권고사원(孫權故事園)'을 만들었고 이곳의 긴 복도에 모두 12개의 화상을 새겨두었다. 그 내용은 다음과 같다.

"강동을 차지하고 패업을 도모하다"

"손권이 책상을 내리쳐 자르면서 조조와 싸우겠다고 맹세하다"

"부인도 잃고 병사도 잃다"

"손권이 물을 끌어들여 악독한 귀족을 징벌하다"

"모녀가 바둑을 두며 손권에게 가리키다"

"손권이 화가나서 마간으로 가다"

"검으로 돌을 내리쳐 사업이 성공할 것인지를 시험하다"

"전쟁의 성공을 도우며 각분고(북)를 두드리다"

"어부가 신선탕을 전수하다"

"손권이 육손을 알아보다"

"장비가 과원에서 손권을 방문하다"

"봉황이 백발로 혼인을 청하다"

손권과 관련된 역사와 전설을 돌에 새긴 것이다. 즉 손권이 강동에서 패업을 이루는 일생을 묘사하고 있다. 현재 동오대제손권기념관의 전시실로 옮겨 전시 중이다.

주원장의 묘를 지키는 무덤이 될 뻔하다

손권의 묘는 명나라 초기에 파헤쳐질 뻔하였다. 명태조 주원장은 살아있을 때 독룡부(獨龍阜)를 묘혈로 정하였고, 그의 부하들은 공사 시작 전 능지 주변의 묘들을 모조리 파버렸다. 남조 양나라의 고승 보지(寶志)의 묘도 이때 이장된다. 능공대신 이신(李新) 등은 손권의 묘도 능묘 입구 도로 건설에 방해가 되니 다른 곳으로 옮기자고 주청하였다. 이에 당시 주원장은 이렇게 말하였다고 한다.[46]

"손권도 사내 대장부이다. 그를 남겨두어 문을 지키게 하라"

동오 제1대 황제 손권의 묘는 효릉을 지키는 '제1문장'이라는 별명과 함께 배장묘(陪葬墓) 중 하나가 되어 사라지지 않게 된 셈이다. 이에 대하여 다른 해석도 있다. 손

46) 명나라 장대(張岱)가 쓴 『도암몽억(陶庵夢憶)』 「권1. 종산」

권으로 하여금 문지기를 하라는 것이 아니라 그의 풍수를 보존하게 하였다는 것이다. 효릉의 신도는 손권 묘에서 한 바퀴를 돌아간다. 전체 능구역은 북두칠성의 모양과 비슷하고, 손권의 묘는 바로 그 북두칠성의 바가지(杓頭) 안에 있다. 그리고 표두를 통제하는 자루(柄子)는 주원장의 지궁이라는 것이다. 이 당시 천문과 지리에 통달한 풍수대가 유기(劉基)가 이렇게 제안하였을 가능성이 크다는 이유에서이다. 풍수상 명당인 왕릉의 경우, 뒤에는 조산(祖山)이 있고, 앞에는 안산(案山), 조산(朝山)이 있다. 가까운 곳이 안산이고 먼 곳이 조산이다. 손권 묘가 있는 매화산은 바로 효릉의 풍수상 '안산'에 해당한다. 만일 주원장이 손권의 묘를 파버린다면, 그것은 안산을 없애버린 것이 되는 셈이기 때문이다.

명효릉(明孝陵)

명효릉은 종산(鍾山) 독룡부(獨龍阜) 완주봉(玩珠峰)의 아래에 있다. 1376년 시작하여 1413년에야 준공하였다. 중국에 현존하는 왕릉 중 최고 규모 중 하나이다. 전조후침(前朝後寢)[47], 전방후원(前方後圓)[48]이라는 기본 개념으로 설계하였다. 전조후침은 앞쪽에 정치를 하는 장소인 조정을 두고 뒤쪽에 임금을 비롯한 왕실의 거처인 침전을 배치한 양식이다. 전방후원, 즉 앞은 방형이고 뒤는 원형이란 뜻이다. 즉 무덤 주체는 원형의 봉토분(寶頂)이고 그 앞은 방형(方形)의 성루(城樓)처럼 만들었다는 것이다. 여하튼 방성명루(方城明樓)는 효릉의 지하궁성(地下宮城), 주원장과 마황후(馬皇后) 사후 궁전인 셈이다. 이곳을 발굴하면 상상을 초월하는 유물들이 출토될 것 같다.

47) 조선시대 대부분의 궁궐도 이러한 양식을 취했다.
48) 전방후원분은 일본에서 크게 유행한 왕릉의 형태 중 하나이다.

손권 묘를 피하여 만든 도로여서인지 신도(神道)는 북두칠성(北斗七星)처럼 구부려져[49] 있다. 입구에서 코끼리, 말, 기린 모양의 석수(石獸) 12쌍이 늘어서 있는 ⑩ 석상로(石象路)[50]를 거쳐 직선으로 가다가 입석망주(立石望柱), 화표(華表)라고도 하는 ⑪ 신도망주(神道望柱)에 이르러서는 90도로 꺾인다. 석인(石人) 4쌍이 마주보고 도열한 ⑫ 옹중로(翁仲路)로 연결되는 것이다. ⑬ 홍살문[영성문(欞星門)]에서 약간 굽은 듯 가다가 ⑳ 금수교(金水橋)에 이르러 다시 꺾여 ㉑ 문무방문(文武方門)에 이른다. 금수교에서 문무방문에 이르는 길 양쪽에는 납매(臘梅) 수백 그루를 심어두었다. 여기서부터 ㉓ 향전(享殿)을 거쳐 ㉔ 방성명루(方城明樓)에 이르기까지가 전방(前方)인 셈이다. 담으로 에워쌓여 있는데, 그 길이는 22.5㎞에 이른다. 원형의 봉토분인 보정(寶頂)이 후원부(後圓部)이다. 효릉전은 이곳의 주요한 건축물로 원래는 주원장의 신주를 모시는 곳인데 1853년 청군과 태평군 사이의 전쟁 때 불타 없어졌다.

효릉(孝陵)을 재빨리 돌아보고 되돌아 나왔다. 납매(臘梅)의 향기가 코를 찌른다. 옹중로 동쪽 매화산을 다시 찾는다. 매화산으로 올라서면 정상부에서 ⑮ 관매헌(觀梅軒), ⑯ 박애각(博愛閣)이라는 건물을 볼 수 있다.

관매헌(觀梅軒)

관매헌(觀梅軒)은 1947년 능원관리위원회 주임위원인 손과(孫科)의 명령에 따라 건설한 것인데, 설계가 교묘하고 소박하고 우아하다. 원래는 중국 대표적 매국노로 꼽혔던 왕정위(汪精衛) 묘지가 있던 곳이었다. 1946년 1월 묘지를 폭파하여 없애고 건물을 지어 매화산을 유람하는 이들이 휴식을 취하면서 경치를 감상할 수 있는 장소로 만들었다. 관매헌의 현판은 손과(孙科)의 친필이기도 하다.

관매헌 앞에 한글이 부기된 안내판이 있다. 이 간판에 나타나는 인물과 그 주변인들의 면면을 확인하는 것만으로도 중국 현대사를 개관할 수 있을 것 같다.

49) 이 신도(神道)를 월아형(月牙形)이라 부르는 사람도 있다.

50) 사자(獅), 해태(獬), 낙타(駱駝), 코끼리(象), 기린(麒麟), 말(馬)가 각각 입상 1쌍, 누운(臥)상 1쌍, 각 4마리가 길 양쪽에 도열하여 있다.

1	2	3
4	5	8
6	7	

1 _ 관매헌(觀梅軒) – 북에서
2 _ 손과(孫科)
3 _ 관매헌(觀梅軒)
4 _ 관매헌(觀梅軒) 안내판 – 한글 설명도 있다.
5 _ 쑨원(孫文)
6 _ 관매헌(觀梅軒)
7 _ 왕정위(汪精衛)
8 _ 관매헌(觀梅軒)

왕징웨이[汪精衛:1883년 5월 4일~1944년 11월 10일]

본명 왕자오밍[汪兆銘]. 중국 국민당 일원으로 쑨원과는 친밀한 관계, 장제스와 대립하는 라이벌로 유명하다. 중일전쟁 발발 이후에 친일파로 변절하여 1940년 난징에 친일 괴뢰 정권을 세웠다. 중국 군인 미남 4인 중에 들어 갔다. 중국의 대표적인 '매국노'로 불린다.

쑨커[孫科:1895년 10월 21일~1973년 9월 13일]

자(字)는 저성(哲生). 중화민국 타이완 고시원 원장을 지냈다. 쑨원의 1남 2녀 중 독자이다. 생모 루무전(盧慕貞, 1867년 7월 30일~1952년 9월 7일)은 1915년 쑨원과 이혼하였다.

쑨원[孫文:1866년 11월 12일~1925년 3월 12일]

중화민국 제1대 임시 대총통(대통령). 중국의 국부로 추앙받는다. 49세 때 22세의 쑹칭링과 결혼한다. 민족 · 민생 · 민권 삼민주의를 제창하였다. 1925년 베이징에서 암으로 사망한 뒤 시신은 네 차례 입관 끝에 1929년 6월 1일 난징 시외의 중산릉에 안장될 수 있었다. 장제스가 1928년 북벌에 성공한 직후이다.

쑹칭링[宋慶齡:1890년 1월 27일~1981년 5월 29일]

쑨원의 재취로 前 중화인민공화국 명예 국가원수 겸 중국공산당 전국인민정치협상회의 명예의장을 지냈다. 중국이 공산화되자 대륙에 남아 중국 공산당을 지지했다. 그 이후 동생 쑹메이링과는 죽을 때까지 만나지 않았다.

쑹메이링[宋美齡:1897년 3월 5일~2003년 10월 23일]

쑹칭링의 동생이자, 장제스 총통의 부인이다. '권력을 사랑한 여인'으로도 알려진 쑹메이링은 신생활 운동을 시작하며 중국 정치에 활발하게 관여하게 된다. 장제스가 중국 국민당의 총수가 되자 쑹메이링은 영어 번역가, 비서, 조언자로의 역할을 시작했다. 미국과 중국을 넘나들며 활동하던 쑹메이링은 '올해의 남편과 아내', '용의 여인'이라는 제목으로 타임지의 표지를 두 차례 장식했다. 1943년 2월 18일 그녀는 중

1 _ 汪精衛,陳璧君 부부
2 _ 왕징웨이 무덤(파괴 전 모습)
3 _ 왕징웨이 글씨

국인 최초로, 그리고 여자로서 두 번째로 미국 의회에서 연설하게 된다. 1949년 국공내전에서 남편인 장제스가 이끌던 중국 국민당의 패배가 사실상 확실해진 후, 그녀는 남편을 따라 타이완으로 이주했다. 대한민국 임시정부가 중화민국에 의존할 때 도운 공로로 1966년 대한민국 건국훈장 대한민국장(훈1등)을 수여받기도 하였다. 매화산 가까운 소홍산(小紅山)에 장제스와 쑹메이링이 거처하였던 미령궁(美齡宮)이 남아있다.

손문(孫文) 사망 이후 장개석은 국민당의 실권을 장악하고 북벌에 나서, 군벌(軍閥)들이 난립하던 중국을 사실상 통일했다. 승세를 몰아 공산당 소탕작전에 나섰다. 1930년대 초 중국 공산당은 막강한 화력과 병력에 대항할 힘이 없었다. 장제스(蔣介石 : 1887～1975)군을 피해 서쪽으로 대탈주한 것이 그 유명한 '대장정(大長征)'의 시작이었다.

1946년 국민정부가 난징으로 돌아오기 전인 1944년 일본에서 병으로 죽은 왕징웨이는 이곳 매화산에 묻혔다. 1937년 일어난 난징대학살로 일본에 대해서 절대적인 반감을 가지고 있던 시민들이 친일괴뢰 수장이었던 왕징웨이가 이곳에 묻힌 것을 크게 분노하고 있었다. 중일 전쟁에서 승리한 장제스가 수도 난징을 수복하면서 왕징웨이의 무덤을 없애기로 한 것이다.

1946년 1월 15일 밤 구유달(邱維達)은 육군본부참모장 소의숙(蕭毅肅)의 전화를 받았다. 총사령 하응흠(何應欽)의 지시에 따라 중요한 회의를 가지기로 하였다는 것이다. 육군본부에 도착하니 난징시장 마초준(馬超俊), 육군공병지휘관 마숭륙(馬崇六), 난징헌병사령 장진(張鎮)과 전화를 한 소의숙(蕭毅肅)이 있었다. 장제스(蔣介石)의 다음과 같은 말을 들었다는 것이다.

'어찌 왕정위가 매화산에 묻힐 수 있으리오, 그것도 손문이 무덤과 나란히 말이다.'

1946년 1월 21일 매화산에 갑자기 계엄령이 발표되었다. 중산릉과 명 효릉 사이를 출입 금지시킨 것이다. 이날 밤 국민당 51사단 사령관 마숭륙(馬崇六)의 지휘 아래 공병들이 150kg의 TNT로 왕정위의 무덤을 폭파시켰다.

그 후 당시 국부능원관리위원회 주임위원이었던 손과, 즉 손문의 아들은 이 자리에 매화산을 찾은 시민들이 쉬어갈 수 있는 정자를 지으라고 명하였다, '관매헌(觀梅軒)'이라 이름한 이 정자는 1947년 낙성하였는데, 동서 길이가 약16m로 3칸 건물이다. 기와로 지붕을 덮고 콘크리트로 기둥과 바닥을 만든 정자이다. 동서 양쪽을 돌출시켜 입구를 만들었는데, 남쪽 입구에 '관매헌(觀梅軒)'이라는 편액이 있고 양쪽 기둥에는 주련을 적어두었다.

북쪽 문 입구에 '방학(放鶴)'이라는 편액이 걸려있다. 쑨커[孫科]의 글씨란다. 양쪽 기둥에도 주련을 적어두었다.

박애각(博愛閣)

관매헌 옆에 호화로운 건물이 보인다. 박애각(博愛閣)이다. 1990년대에 건립된 새 건물이지만, 지금은 매화산의 상징적 존재로, 엽서, 사진집 등에서 자주 볼 수 있는 건물이다. 지붕에는 생전에 손중산이 좋아했던 푸른색의 유리기와가 사용되었다. 손문의 무덤인 '중산릉(中山陵)'과 광저우(廣州)의 '중산기념당(中山紀念堂)' 그리고 장개석을 기리기 위하여 지은 타이페이(臺北)의 '중정기념당(中正紀念堂)'도 푸른 유리기와 지붕을 덮었다. 이러한 지붕을 사람들은 '손문불루'라고도 부른다. 박애각의 편액은 손문이 직접 쓴 글이다.

건물 앞에 '박애각지(博愛閣誌) 장평소 경찬(張平沼 敬撰)'이라는 제목의 비석이 있다. 장핑자오[張平沼]는 대만인으로 타이완상업총회의 이사장이자 해협양안상무협조회 회장(海峽兩岸商務協調會 會長)을 역임하였다. 89년 12월 16일 동시 창설된 중국의 '해협양안경무협조회(海峽兩岸經貿協調會)'와 양안(兩岸)간의 경제와 무역 교류를 주도해온 인물이다. 1992년 4월 대만 경제인 76명이 중산릉을 배알한 뒤 이곳에 중산 선생의 박애정신을 기리는 건물을 남기기로 하였고, 강소성과 남경시의 행정지원을 받아 건물을 짓게 되었다는 내용이다.

박애각의 주련(柱聯)은 다음과 같다.

憶古都六代豪華花落去 억고도육대호화화락거	육조의 도읍이었던 이곳의 호화로움은 꽃잎처럼 사라져 갔지만
思今邑三春美景燕歸來 사금읍삼춘미경연귀래	오늘날 이곳의 아름다움은 제비가 되돌아오게 하는구나

위의 글은 유굉본(劉宏本)이 찬한 것이라 한다. 아래는 대만인 장평소(張平沼)가 찬한 글이다.

博大精深中外古今齋翹首 박대정심중외고금재교수	사상 · 학식이 넓고 심오함은 모든 시대와 지역을 통틀어 간절히 바라는 바이며,
愛民救國聖賢堯舜證天心 애민구국성현요순증천심	백성을 소중히 여기고 위태로운 나라를 구함은 성현 요순이 천심으로 증명한 바 있다.

第一梅山

장군이자 서예가였던 두평(杜平, 1909~1999)[51]은 매화산의 모습에 감탄하여 '제일매산(第一梅山)'이라 칭하고 휘호를 남겼다. 그의 글씨는 박애각 앞에서 만날 수 있다.

매왕(梅王)

관매헌과 박애각 사이의 광장에 꽤 오래되었을 법한 매화 한 그루가 서 있다. 앞에는 매왕(梅王)이라는 비석도 있다. 꽃이 피지 않아 품종을 알 수가 없다. 남경매보 편찬위원회에서 2001년 펴낸『남경매보(南京梅譜)』와 2008년 펴낸『남경매보 제2판(南京梅譜 第二版)』에도 소개되지 않았다. 표피(表皮) 등 자세히 살펴보아도 백년은 안

51) 博學多才, 愛好詩詞、攝影、書法, 書法作品 多次 參加 全國和 全軍展覽, 被譽為"將軍書法家"。他生前 還擔任 中國書法家協會 名譽理事、金陵老年大學 名譽校長、江蘇省 詩詞學會 名譽會長 等職。1999年 3月 4日 5時 24分 杜平在 南京 逝世, 享年91歲。
http://www.81.cn/big5/yljnt/2014-04/25/content_5881504.htm

된 것 같다. 그냥 매화치고는 둥치가 크다고 느껴질 따름이다.

박애각 주변에는 매화를 즐기기 좋은 길이 여럿 있다. 즉 매왕이 있는 광장을 중심으로 북쪽 석상로(石償路) 쪽이나, 중국매화예술센타가 있는 남쪽으로, 또는 동쪽으로 돌아가도 잘 가꾸어 둔 매화들을 볼 수가 있다. 350여 종류라고 하나 나무들마다 설명문이 붙어있지 않은 데다 꽃마저 거의 피지 않아 구분이 되지 않는다. 오기 전 찾은 자료에 관매헌 동쪽에 백년 수령을 가진 두 그루의 '정인매(情人梅)'라고 하는 매화나무가 있다고 해서 열심히 찾아보았다. 정인매는 매화산에서 가장 귀중한 매화품종으로 '별각만수(別角晩水)'라는 이름의 매화이란다. 담담한 붉은 색깔을 띠며 사발만 한 크기로 첩첩한 꽃잎이 무려 45개에 달한다고 하였다. 꽃잎이 가지런하지 않고 들쭉날쭉해 절름발이라는 뜻으로 별각(蹩脚)으로 불리고, 붉은 꽃잎이 물결같이 흔들려 만수(晩水)라는 이름을 가지게 되었다고 한다. 후에 동음이의를 따서 별다른 뿔이라는 의미로 별각만수로 바꾸게 되었다는 설명을 보았다. 그러나 고매(古梅)는 거의 보이지 않는다.

1996년부터 열리는 남경국제매화절(南京國際梅花節)은 많은 국내외 관람객을 불러들였다. 2월 말부터 3월 초까지 매화가 만개할 때 열리는 성대한 매화 축제이다. '서예전', '시 읊기' 등 매화를 주제로 한 12가지 문화행사가 펼쳐진다고 한다. 근래에

는 남경시 인민정부에서 국가급 대형 행사로 격상시켰고, 막대한 예산을 투입하여 개최한다고 한다.

관매헌 동쪽, 석상로 북쪽에는 '강소(江蘇) · 후꾸오카(福岡)우호앵화원(友好櫻花園)'이라는 벚꽃 정원이 있다. 1995년 후꾸오카 현민들의 성금으로 건설한 후 2012년 확장하였다고 한다. 부지 12,000평 정도, 8개 품종 3,000여 주의 벚꽃을 심은 남경 제일의 벚꽃 공원이다. 매화도 군데군데 심어 중국과의 우의를 다지려고 하였다는 안내글도 보인다. 매화가 지기 시작하는 3월 하순부터 4월 초까지 벚꽃이 만개한다. 매화산이 계속 붉게 물들도록 꾸며두었다고 한다.

아침 9시 입장하여 빵 몇 조각을 점심으로 때우고 오후 5시까지 돌아다녔다. 중산릉은 커녕 명효릉경구도 다 돌아보지 못하였다. 비석도 사진만 급히 찍었고, 전시실도 대충 촬영만 하고 나왔다. 그래도 하루만에 다 돌아보기란 불가능하다고 느껴졌다. 매화가 피었을 때였다면 매화 사진 찍는데 만 하루가 필요하였을 법 하였다. 실로 대단한 규모였다. 다시 찾아올 수 있다면 꽃 필 무렵 달빛 아래서 매향에만 취하고 싶다. 무엇이 더 알고 싶으랴!

梅花香自苦寒来
寳剑鋒從磨礪出
友好樱の園募金者名
钟山风景名胜区
N
樱花
Sakura Garde
出入口
Gateway
石象路

TIP 매화는 글을 좋아하는 나무(好文木)이다?

'진무호문매개 폐학매부개(晋武好文梅開 廢學梅不開)'
중국 진(晋, 265~420)나라 때 문학이 성할 때 매화가 아름답게 피었다가 문학이 쇠퇴하자 그림자조차 찾아볼 수 없게 되었다는 말이다. 진 무제(武帝)가 공부에 힘을 쏟으면 매화가 꽃을 피우고 공부를 게을리 하면 피지 않았다 하여 매화에게 호문목(好文木)이라는 별명이 생겨났다고 한다.
진 무제 사마염(司馬炎)은 조부 사마중달(司馬仲達) · 백부 · 부친으로 이어지는 위(魏)나라 권문에서 태어났다. 주변에 명신과 명장들이 수없이 많아 위나라 마지막 황제 조환(曹奐, 246~302)를 물리치고 진 황제에 쉽게 즉위할 수 있었다. 무익한 살육을 꺼렸기에 삼국(三國)의 막을 내리고 천하통일을 쉬 이루었으며, 쉽게 평화를 회복하였다. 통일 후에는 국정에 신경 쓰지 않고 미녀들과 환락에 빠졌다. 무제는 학문을 좋아한 황제가 아니었다. 당나라 때 황제가 학문을 좋아한 시기에는 매화가 만발하였고 그렇지 않은 때는 잘 피지 않았다는 이야기도 전한다.

『일본국어대사전(日本國語大辭典)』에는 호문목(好文木)이란 '진 무제가 학문에 열중할 때

매화가 피고 태만할 때 피지 않았다는 『진기거주(晋起居注)』[1]에서 인용한 매화의 다른 이름'이라 설명하고 있다. 무로마치[室町(むろまち)] 초기의 배우 겸 작자(作者)인 세아미[世阿弥(ぜあみ)]가 지은 「노송(老松)」에는 동시기 작자불명 노래(謡曲)인 「헌서매(軒瑞梅)」가 나온다. 여기에 호문목이라는 말이 나타난다. 호문목이라는 이름은 중국의 사서에는 찾아보기 힘들기에 일본에서 나온 말일 것 같다는 이야기이다.[2]

『십훈초(十訓抄)』는 일본 가마쿠라 시대 중기의 불교 설화집이다. 선행을 권하고 악행을 훈계하기 위한 교훈과 계몽의 의도로 1252년에 편찬되었다. 10가지 덕목을 설정하고 그에 맞는 약 280편의 설화를 모은 책이다. 이 책의 천신설화에서 나타나는 곧은 소나무(貞木의 松)[3]와 다이자후[太帝府]의 비매(飛梅) 설화가 섞여서 호문목(好文木)이라는 말이 생겨났다는 설이 있다.

일본의 3대 정원 중 하나인 가이라꾸엔[해락원(偕樂園)]은 미토 번(藩) 9대 번주(藩主)이자 매화를 사랑하였던 도쿠가와나리아키(徳川齊

1) 『진기거주(晋起居注)』는 진(晋)나라 황제의 일상 언행을 기록한 책이다. '백제삼서(百濟三書)'라고 불리는 『백제기(百濟記)』·『백제신찬(百濟新撰)』·『백제본기(百濟本記)』를 비롯하여 『위지(魏志)』·『일본구기(日本舊記)』등과 함께 『일본서기(日本書記)』 편찬 시 중요한 사료가 되었다.

2) 한문(韓雯) 2012 매화시 『중국과 일본의 고전시에서의 매화 이미지 비교 연구』 일본 창서대학(創価大学) 박사학위논문 韓雯 2012「호문목(好文木) 고(考)―천신신앙(天神信仰)과의 관계를 중심으로」『일본어일본문학 22(日本語日本文学22)』

3) 일 년 내내 잎이 푸른 나무. 소나무, 대나무 따위를 일컫는다.

동문선 간행 기념비 건립예정지(눌인매화숲)

호문목과 문인석(눌인매화숲)

昭, 1800~1860)가 만들었다. 맹자「양혜왕(梁惠王)」조의 '고지인여민해락(古之人與民偕樂)'이라는 구절에서 이름을 따왔다. '옛 사람은 백성들과 즐거움을 함께 하였기에 진정 즐길 수 있었다'는 뜻으로 정원을 만들고 이 이름을 붙였다고 한다. 매화는 봄에 가장 먼저 청초한 꽃을 피우며, 열매는 소금에 절여 흉년 때 구황 식량으로 사용할 수 있기에 실용성을 중요시한 나리아키는 매화를 영지 내에 널리 심으라고 권장하였다.

이곳의 주 건물은 번주 나리아키의 별장으로 이름은 고분테이[호문정(好文亭)]이다. 즉 매화의 별명인 '호문(好文)'으로 이름 붙였다. 목조 2중 3층 구조의 본채와 단층인 안채로 구성되었는데, 본채는 문인묵객과 가신 등을 불러 시 노래 모임을 열던 장소였다. 안채는 영주부인과 시중하는 여성들의 공간이었다.

호문목이란 말이 중국에서 생겨났다면 누구와 관련이 있을 까 생각하여 보았다. 답은 바로 나온다. 남조(南朝) 양(梁)나라 초대 왕인 무제(武帝) 소연(蕭衍)의 맏아들 소명태자(昭明太子) 소통(蕭統)이라고. 매우 총명해서 3살 때 『논어(論語)』와 『효경(孝經)』을 읽었으며, 5살에 오경(五經)을 모두 읽었다고 전해진다. 당시 전해지고 있던 시문(詩文)들을 모아 『문선(文選)』을 편찬하였다. 남북조시대 이전 문학작품들을 후세에 전하는 데 중요한 역할을 한 책이다. 불교

전파에도 크게 기여했다. 대승불교의 주요 경전인 『금강경(金剛經)』을 이해하기 쉽게 편집해 불교 교리를 확산시켰다.

531년 31세 나이로 죽어 제위에 오르지는 못하였다. 555년 셋째아들 소찰(蕭詧)이 즉위한 뒤 소명황제(昭明皇帝)로 추존되었고, 고종(高宗)이라는 묘호를 받았다. 안녕릉(安寧陵)에 매장되었으며, 소명(昭明)이라는 시호를 받았다. 안녕릉은 남경 매화산 서쪽기슭에 있었는데 오래전 멸실되었다. 2005년 중산능관리국에서 2,400평 크기의 인공 호수를 만들고 호반에 태상소명(台想昭明)이라는 건물을 지었다. "문학수범(文學垂範)"이라는 편액(匾額)을 달고, 기둥에는 주련[4]들을 걸어두었다. 문 앞 풀밭에는 소명태자가 앉아서 독서하는 모습의 동상이 있다.

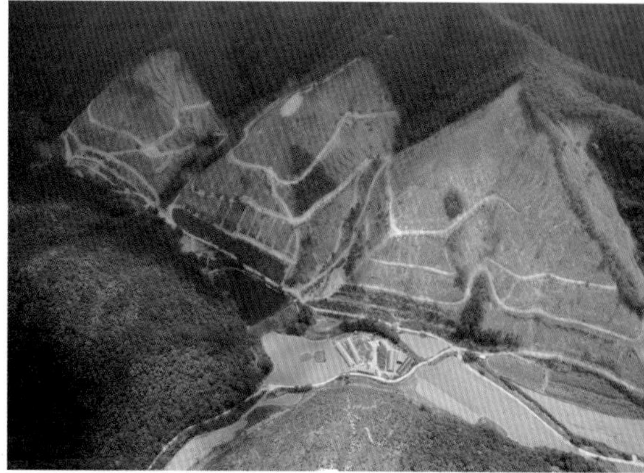

우리나라에서는 『문선』을 본 따 『동문선(東文選)』을 간행하였다. 성종(成宗) 9년(1478년) 12월 예문관대제학(藝文館大提學) 서거정(徐居正), 홍문관(弘文館) 대제학 양성지(梁誠之) 등이 명을 받들어 찬집(撰集)하였다. 양성지의 『진동문선전(進東文選箋)』에서 지적한 바와 같이 양조(梁朝) 소명(昭明)이 선정한 『문선』을 모방하여 사(辭)·부(賦)·고시(古詩)에서부터 조칙(詔勅)·교서(敎書)·애사(哀辭)·행장(行狀)·비명(碑銘)·묘지(墓誌) 등 각 문체들을

4) "忠貞擬日月高懸；鴻名與天地同播", "山水有清音；何必絲與竹", "風流播萬古；著心耀乾坤"

유(類)별로 찬집하였다. 고구려 을지문덕(乙支文德) · 신라 최치원(崔致遠)으로부터 고려 김부식(金富軾) · 이규보(李奎報) · 정포은(鄭圃隱) · 이목은(李牧隱) 등과 근세조선의 정도전(鄭道傳) · 권근(權近) · 성삼문(成三問) · 박팽년(朴彭年) · 신숙주(申叔舟) · 서거정(徐居正) · 김종직(金宗直) · 성현(成俔) · 김수온(金守溫) 등에 이르기까지 수백에 달하는 시인 · 문호 들을 망라하였다. 우리 선인들의 시문 작품 정화(精華)를 집성시킨 거질(巨帙)이다. 또 우리나라 전통적 문예 작품으로서 큰 의의를 가졌을 뿐만 아니라, 우리 역사의 귀중한 기록 하나이기도 하다. 영구히 보존되어야 할 내용이 너무 많아 가치는 실로 놀랍다고 하지 않을 수 없다. 중국 매화산에서 「대상소명」이라는 유지를 만들었듯이 우리나라에도 이를 기리는 장소가 생겨났으면 좋겠다. 매화의 별명인 '호문(好文)'과도 연결시켜서 말이다.

태호매원太湖梅園이라 불리는 영씨매원榮氏梅園

장쑤성[江蘇省] 우시[無錫]

장쑤성[江蘇省]은 중국 동부 양쯔강[揚子江] 하류에 있는 성으로 성도(省都)는 난징[南京]이다. 상하이[上海]도 성역(省域)에 들어 있으나 중앙정부의 직할시가 되어 장

梅園
出口处
出口处

春天从梅园开始
创建文明城市 建设幸福无锡
中国光大银行
梅园
梅艺苑蜡梅桩景展
梅园蜡梅观赏园落成

全国重点文物保护单位
荣氏梅园
中华人民共和国国务院
二〇〇六年五月二十五日公布
江苏省人民政府立

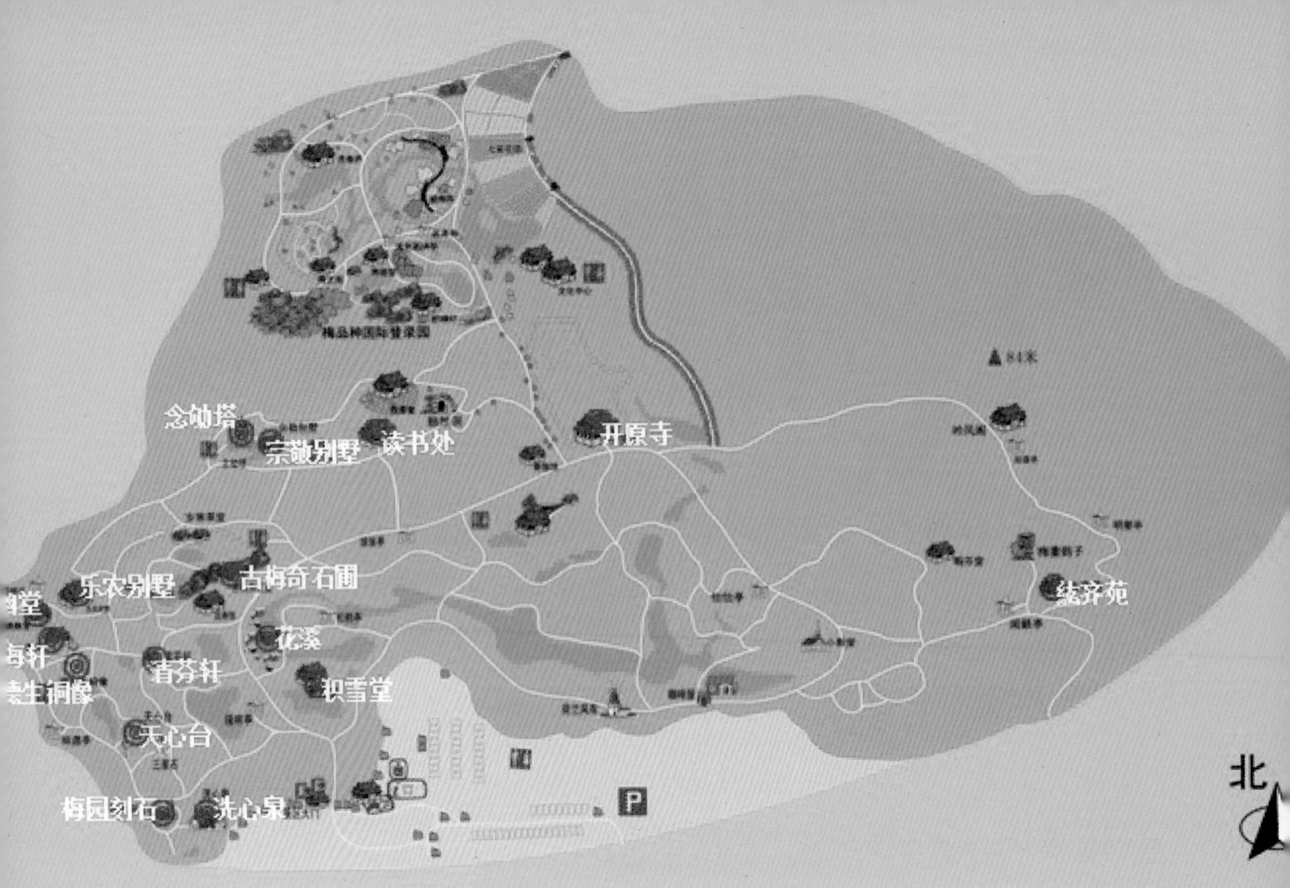

쑤성 구역에서 빠졌다. 장쑤성에서 경제 발전이 빠른 도시로 난징[南京] · 창저우[常州] · 우시[無錫] · 쑤저우[蘇州]를 꼽는다. 이를 장쑤성의 네 마리 용(龍), 즉 지앙수샤오롱[江苏四小龙]이라 부른다. 그중 한 곳인 우시[無錫]는 '주석이 없는 곳'이란 뜻을 지녔다. 과거 주석(朱錫)이 많이 생산된 도시였지만 한나라 초기 모두 파내어버렸기에 생긴 이름이라고 한다.

우시는 중국에서 3번 째로 큰 담수호인 태호(太湖)와 접한 도시이다. 태호 즉 타이후 주변에 많은 관광지들이 형성시켜 우시가 중국 내에서 빼놓을 수 없는 관광도시로 발돋움하게 했다고 한다. 그래서 "타이후를 빼고 우시를 논하지 말라"는 말이 생겨났다.

타이후 주변에는 유명한 매원들이 많이 조성되어 있다. 그중 태호매원(太湖梅園)이라도 불리는 영씨매원(榮氏梅園)이 대표적이다. 영씨매원은 무석 도심에서 서쪽으로 7킬로미터 떨어진 교외에 위치(無石市 滨湖区 梁溪西路)한다. 줄여서 '매원(梅園)'이라고도 하며, 이곳의 산 이름을 따서 '호산매원(滸山梅園)'이라고도 한다. 쑤조우[蘇

州] 광복향(光福鄕) 향설해(香雪海)와 타이후[太湖] 중심부 큰 섬에 있는 서산매원(西山梅園)도 그중 하나이다. 서산매원은 따로 임옥매해(林屋梅海)로 불린다.

소주 등위산 · 항주 초산과 더불어 중국 강남(江南)의 3대 매화 감상지로 꼽힌다.

청나라 때 진사를 지낸 서전일(徐殿一)의 정원인 '소도원(小桃園)' 옛터였다. 1912년 사업가 영덕생(榮德生 : 1875 ~ 1952)이 구입하였고, 매화 3,000주를 심어 광복진(光福鎮) 향설해(香雪海)처럼 꾸미면서 만든 곳이다. 그래서 영씨매원(榮氏梅園)이라고도 불리기도 한다. 1955년 아들 영의인(榮毅仁 : 1916년 5월 1일 ~ 2005년 10월 26일)이 '낙농별서(樂農別墅)'를 제외한 '매원'을 국가에 희사하였다. 1960년에는 '매원'의 동쪽 횡산(橫山)까지를 구입, 면적은 원래 1만 6천 평에서 860여무(17만여평)에 달하게 된다. 그 뒤 계속 확장하여 100헥타르(30만평)에 이르게 되었다.

1994년에는 무석시문물보호단위(無錫市文物保護單位)가 되었고, 2006년에는 전국중점문물보호단위(全國重點文物保護單位)가 된다. 또 2009년에는 국가AAAA급여유경구(國家AAAA級旅遊景區)와 국가중점공원(國家重點公園)으로 지정받는다.

영씨매원은 크게 3곳으로 구분된다.

매화경구(梅花景區)

매문화를 주제로 하는 매화경구가 그중 하나이다. 이곳에는 천심태(天心台) · 세심천(洗心泉) · 청분헌(清芬軒) · 염구탑(念劬塔) · 송빈당(誦豳堂)이라고도 하는 남목청(楠木廳) · 독서처(讀書處) 등 주로 영씨 일가 매화 사랑에 대한 건조물 등이 있다.

또 적설당(積雪堂)이라는 건물이 있다. 1986년 마카오 중화총상회 회장(澳門中華總商會會長)인 마만기(馬萬祺)가 기증한 건물이다. 영씨들과 인척인 그는 설립자 아들 영의인의 70수 생일을 맞아 기증한 건물들이다. 이곳의 비랑(碑廊)이 특히 유명하다.

염구탑(念劬塔)은 1930年 영종경(榮宗敬), 영덕생 형제가 어머니 80수를 축하하기 위하여 지은 육각삼층전탑(六角三層磚塔)이다. 높이가 18미터에 이르는데 이곳에 오르면 장관을 이루는 매화 숲을 볼 수가 있다.

1914년 건립된 천심대(天心臺)라는 건물이 있다. 정자를 중심으로 태호석과 고목들이 에워싸고 있다. 정자와 이름은 "매화 송이 송이는 하늘의 뜻과 함께 한다(梅花点点皆天心)"데서 비롯되었다고 한다. 본래 대(臺)란 하늘을 관망하고 천지신명께 만사형통을 기원하기 위하여 만든 것이었다. 산수건물과 조화를 이루는 건축물을 지어 최고의 관상처(觀梅處)로 만든 것이다.

천심대 남쪽의 태호석을 '미양양배석(米襄陽拜石)' 이라고도 부른다. 송나라 때 저명한 서예가 미불(米芾 : 1051-1108)이 절을 하였다는 바위이다. 돌을 유난히 사랑하였던 미불인지라 독특한 모습을 지녀서 이런 이름을 붙였는지 모르겠다.

남목청(楠木廳)이라고도 하는 송빈당(誦豳堂)은 영씨매원의 주 건물이다. 『시경(時經)』의 '빈풍(豳風)'에서 이름을 따왔다. 1916년 건립되었는데, 세계유산으로 지정된 소주원림에 있는 건축물들과 가구 배치 등이 비슷하다. 영씨들의 가전유물도 많이 전시되어 있는 이곳에는 매원을 만든 뒤 최근까지의 변모 과정을 패널로 설명해 두었다. 현재 입구에 걸려있는 편액은 중국의 유명한 수묵화가 오작인(吴作人 : 1908~1997)이 1979년에 쓴 글이다.

송(宋) 양만리(楊萬里)의 오언율시(五言律詩) 「화라거제산거십영(和羅巨濟山居十詠)」의 한 수가 보인다.

争春
辛巳清明

古梅奇石圃
投诉电话：85517197
急救电话：85514979
远香馆
古梅奇石圃占地约16亩，是为配合2001年春季于无锡梅园举办的“中国第七届梅花蜡梅
造园大师李正主笔。根据“随形得景，巧于因借”的原则，以念劬塔为背景、岗阜作
下奇石，植入百年古梅，并通过梅花类的诗词、歌赋、字画、碑刻，触发游客游园兴
提升审美境界，由于此园的主题是古梅、奇石，故名“古梅奇石圃”。
古梅奇石圃
岁寒草堂

園花皆手植 원화개수식　원림의 꽃들은 모두 직접 심은 것인데
梅蕊獨禁寒 매예독금한　매화의 꽃술만은 유독 추위를 마다한다
色與香無價 색여향무가　색과 향은 별 가치 없으나,
飛和雪作團 비화설작단　흩날리면서 눈뭉치를 만든다
數枝橫翠竹 삭지횡취죽　가지 몇 개가 푸른 대나무에 가로로 걸쳐 있다가,
一夜繞朱蘭 일야요주란　하룻밤 사이에 붉은 난초를 에워쌌다

고매(古梅)와 기석(奇石)을 배치하여 꾸민 고매기석포(古梅奇石圃)는 일품이다. 2001년 조성되었는데 이곳에는 매문화박물관(梅文化博物館)·세한초당(歲寒草堂)·냉염정(冷豔亭) 등 중국식원림건축물(中國式園林建築物)을 몇 동 지었다. 주변에는 백년 이상된 고매들과 송죽매란(松竹梅蘭) 그리고 4계절 꽃이 피는 50여 종의 나무들을 심어두었다.

앞의 나부산에서 설명드렸듯이 이곳에도 나부지몽(羅浮之夢)[52]을 믿고 싶은 사람들로 가득하였다.

푸른 새, 즉 물총새 출사지 중의 한 곳이라는 것을 짐작할 수 있었다.

52) '푸른 옷을 입은 동자(綠衣童子)가 나와 춤과 노래로 취흥을 돋우었다. 취해 쓰러져 잤는데 추위를 느껴 깨어보니 큰 매화나무 아래에 누워 있었고, 푸른 새가 지저귀고 있었다.'

횡산풍경구(橫山風景區)

남으로는 태호와 접하고, 북쪽으로는 용산(龍山)에 이르는데, 영씨들로부터 매원을 기증 받은 중국 정부에서 1988년 이곳까지 매원을 확장하여 완성한 것이다. 1년 내내 꽃을 볼 수 있도록 만들었는 곳인데, 이른 봄에는 탐매를(初春探梅), 한여름에는 연꽃을 바라보며(仲夏觀荷), 가을에는 계수나무를 감상하고(金秋賞桂), 한겨울에는 눈을 밟을 수 있는(隆冬踏雪) 장소로 만들었다. 즉 답설탐매(踏雪探梅) 할 수 있도록 만든 곳이다.

매년 3월 하순에서 4월 중순까지는 40여 종 20만 주 이상의 튤립이 빨간색, 분홍색, 보라색, 노란색과 오렌지색 꽃을 피운다. 수선화, 히아신스, 크로커스, 개양귀비(虞美人), 개복숭아(碧桃), 해당(海棠), 미인매[53](美人梅), 옥란(玉蘭)[54] 등도 만발한다. 풍차(風車)와 현수교(吊橋), 광활한 잔디밭과 거대한 녹나무(香樟) 숲, 경치가 비치는 얕은 호수 등 많은 볼거리가 있다.

화계경구(花溪景區)

자연과 인공이 결합된 장소로 거대한 암석군과 함께 볼거리를 제공하는 곳이다. 300미터가 넘는 계곡 양쪽에 기이한 화초 100여 종 – 꽃의아리(鐵線蓮), 고산진달래(高山杜鵑), 이질풀(痢疾草, 老鸛草), 조팝나무(綉線菊) 등을 심어 두었다.

이곳에는 많은 종류의 매화들이 자라고 있는데 옥접매(玉蝶梅) · 녹악매(綠萼梅) · 궁분매(宮粉梅) · 주사매(朱砂梅) · 묵매(墨梅) · 용유매(龍游梅) 등이 대표적이다. 현재 원내 매화품종은 500여 종에 달한다. 이 중에는 이곳에서 새로이 개발한 품종도 52종이 있다. 또 이곳에는 세계 유일의 '매품종국제등록원(梅品種國際登錄院)'이 있다. 연구 개발하는 장소(건물과 부지)를 원내에 별도로 마련한 셈이다.

---

53) 미인매 – 꽃이 매화와 닮았지만 매화(Prunus mume)와 자엽자두나무(Prunus cerasifera 'Pissardii')의 교잡 품종이다.

54) 목련과(木蓮科)에 딸린 중간(中間) 크기의 나무. 삼사월쯤에 잎사귀보다 먼저 종꼴의 흰 꽃이 향기(香氣)롭게 핌. 중국(中國) 원산(原産)이며 관상용(觀賞用)으로 많이 심는다.

두보초당杜甫草堂

쓰찬성[四川省] 청뚜[成都]

쓰찬성[四川省]은 중국 서남지구(西南地区) 창강[长江] 상류에 있는 성(省)으로 간칭(简称)은 촨[川, 천] 또는 수[蜀, 촉]이며 성도(省都)는 청두시[成都市]이다. 창강[长江] · 민강[岷江] · 퉈강[沱江, 타강] · 자링강[嘉陵江, 가릉강]의 4대 강이 성 내를 흐르기에 '쓰촨[四川, 사천]'이라는 명칭이 생겨났다.

성도의 유명 매화관상지

성도에는 매화 관상지가 몇 곳 있다. 금강구(錦江區) 삼성향(三聖鄕) 정녕로(靜寧路)에 있는 '수려동방매원(秀麗東方公園)'도 그중 하나다. '중국 5대 매화원에 속한다.', '중국 서부에서 가장 큰 매화원'이라 소개한 글도 보이지만 신뢰가 가지 않는다. 성도시 성룡로(成龍路) 서쪽에 있는 행복매림(幸福梅林) 역시 유명한 매화 관상지이다. 200여 품종 20여 만 그루의 매화가 장관을 이루는 곳이다. 성도시 무후구 망강로 300호, 즉 구안교(九眼橋), 금강(錦江), 남안南岸), 망강공원(望江公園)도 유명하다. 청양궁(青羊宮) 두보초당(杜甫草堂)과 더불어 완화계 남안에 있는 백화담공원(百花潭公園)도 중요한 관상처이다. 성도에서 서북쪽으로 50km 떨어진 해발 1147m 사천성 팽주시(彭州市) 단경산진(丹景山鎮)에 있는 단하산(丹霞山) 매화협곡도 유명하다. 매화 1만 주가 산 정상부에서 다투어 피어나는 모습은 장관이라 한다.[55]

두보초당

그중 백미는 두보초당이다. 중국의 매원 중 10곳을 선정, 줄을 세운 글을 본 적이 있다. 두보초당, 즉 성도의 초당사(草堂司)가 8번째로 뽑혔다.[56] 나머지는 매원(梅園) 또는 공원(公園)이란 이름들이지만 이곳만은 '사(司)'이다. 관공서라는 뜻이다. 이곳에는 대해(大廨)라는 건물이 있다. 청나라 가경(嘉慶) 16년(1811) 초당을 중건할 때 지은 건물명이다. '해(廨)' 역시 관아를 일컫는다. 두보가 성도에 있었을 때 공부의 관원인 검교공부원외랑(檢校工部員外郎)으로 재임하였었기에, 이 같은 이름을 붙일 수 있었다고 한다.

55) 사천성정부여유국한국 '사천의 매화명승지'

56) 中國最美十大梅園 2014 http://tw.aboluowang.com/2014/0220/373704.html#sthash.xTl4kiqm.dpbs
第一位:廣州流溪河, 第二位:無錫梅園, 第三位:南京梅花山, 第四位:蘇州光福梅園,第五位:武漢磨山梅花, 第六位:昆明黑龍潭公園, 第七位:梅嶺梅花, 第八位:成都草堂祠, 第九位:上海澱山湖梅園, 第十位:莘庄公園

두보(杜甫)의 생애

중국 역사상 가장 위대한 시인으로 꼽히는 두보와 이백(701～762)

두보초당은 당나라 대시인 두보(杜甫 : 712～770)가 759년 겨울, '안녹산의 난'을 피해 초가집을 짓고 살았던 곳이다. 자는 자미(子美), 조상의 출생지를 따서 소릉(少陵), 두소릉(杜少陵), 두릉(杜陵)이라고도 불리며, 그가 지낸 관직 명칭을 따서 두습유(杜拾遺), 두공부(杜工部) 라고도 불린다. 당 말기 시인 두목(杜牧)을 소두(少杜)라고 부르기에 두보를 노두(老杜)라고 부르기도 한다. 당 초기의 유명한 시인 두심언(杜審言)의 손자로, 저명한 유학자 가문에서 712년 태어나 44세가 되던 755년에 안녹산의 난을 맞이하고 59세로 세상을 떠났다.

7세부터 시를 짓기 시작하여 중국 각지를 유람하면서 명사(名士)들을 만나 글로 이름을 날렸지만 추천을 받아 시험만 봤다 하면 낙방하였다. 당시 재상 이임보가 그런 수험생들을 싫어하였기 때문이었다. 결혼을 하고 자식이 태어나 기르던 중 안녹산의 난을 맞이하고 반란군에게 사로잡혀 장안에 연금되고 말았다. 반란군이 지배하는 장안을 겨우 벗어나 숙종의 조정이 있는 봉상(鳳翔)으로 가서 좌습유(左拾遺)에 임명되었다. 천자의 과실을 지적하는 직책이었는데, 왕의 비위를 건드리고 말았다. 파면은 면했지만 현실의 정치와 자신의 삶에 회의를 느끼게 되었다. 758년, 47세 때 중앙관리직에서 물러났고, 장안 가까운 화주(華州)에서 지방관리가 되었다.

이 관직마저 버리고 친족에게 의지하기 위해 가족과 함께 유랑길에 오른다. 감숙(甘肅)을 지나 사천(四川) 성도(成都)로 갔다. 친구와 친척의 도움으로 성도 교외 완화계(浣花溪)에 초가집을 지었는데 바로 '완화초당(浣花草堂)'이다. '두보초당', '소릉초당(少陵草堂)'이라고도 불린다. 한때 촉 지방을 방랑한 적도 있었지만 친구이자 후원자 사천절도사(四川節度使) 엄무(嚴武 : 726～765)의 막료가 되었고, 검교공부원외랑(检校工部员外郎)이라는 관직도 얻었다. 비교적 안정된 생활을 하였던 5년간 이곳에서 240여 편의 주옥같은 시를 남긴다.

765년 4월 엄무가 죽고 병마(兵馬)가 이곳까지 미친 5월, 초당을 떠나게 된다. 장

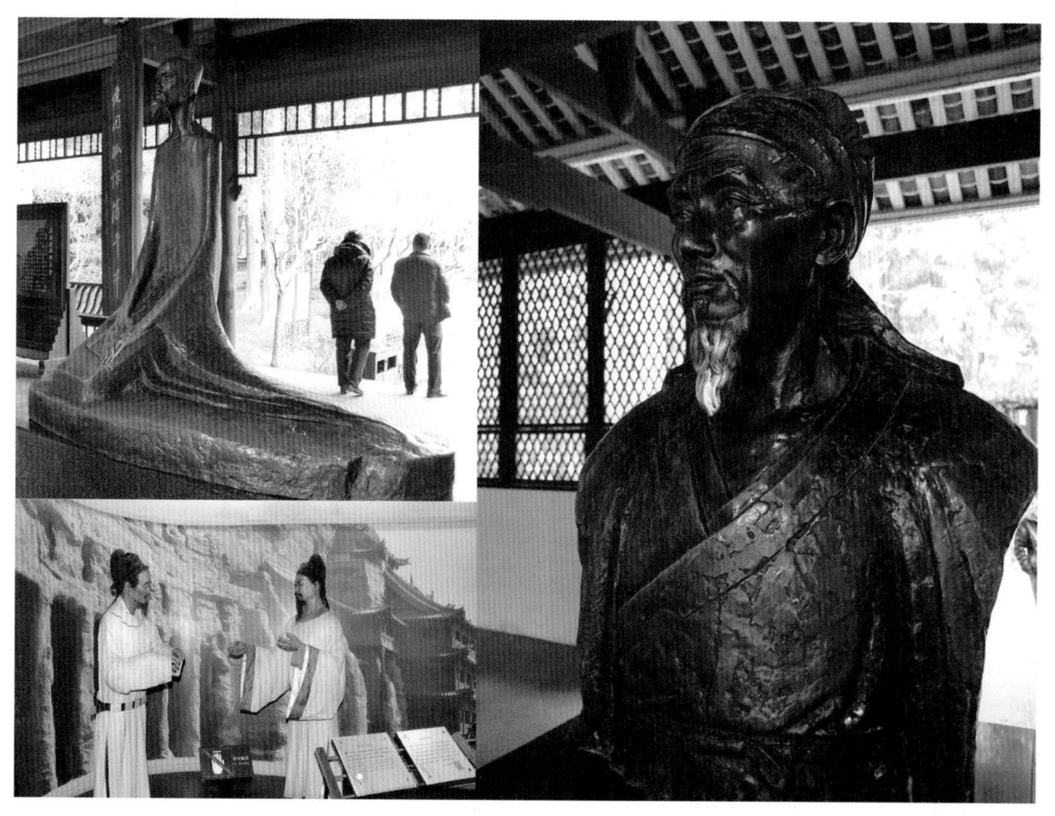

강 하류 쪽으로 내려가면서 투주(渝州)를 지나 충주(忠州) 용흥사(龍興寺)를 거쳐 9월 운안(雲安, 지금의 사천성 운양현)에 도착한다. 이듬해인 766년 늦봄, 촉의 출구인 삼협에 도착하였고, 삼협의 하나인 구당협(瞿塘峽)에 가까운 기주(夔州)로 옮겨 산중 객당에서 기거한다. 그해 가을 의형제를 맺게 되는 백무림(柏茂琳)이 기주도독(夔州都督)과 어사중승(御使中丞)을 겸임하고부터 많은 도움을 받게 된다. 767년 봄 서각(西閣)에서 적갑(赤甲)으로 옮겼고, 3월 양서(瀼西) 초옥(草屋)으로 옮겼다. 그 후 장강 북쪽의 동둔(東屯)에서는 집이 있고 과수원이 40무(畝) 채소밭 몇 무, 또 약간의 논이 있었다. 성도의 초당(草堂) 시절 이후 또 한 번 넉넉한 시절을 기주(夔州)에서 2년 정도 보내게 된 것이다. 768년 다시 일엽편주에 노쇠한 몸을 싣고 장강(長江)을 따라 동쪽으로 흘러가는 생활을 하여야만 하였다. 3월 강릉(江陵)에, 9월 공안(公安)에, 연말에는 지금의 악양시(岳陽市)인 악주(岳州)에 이르렀다. 이듬해 동정호(洞

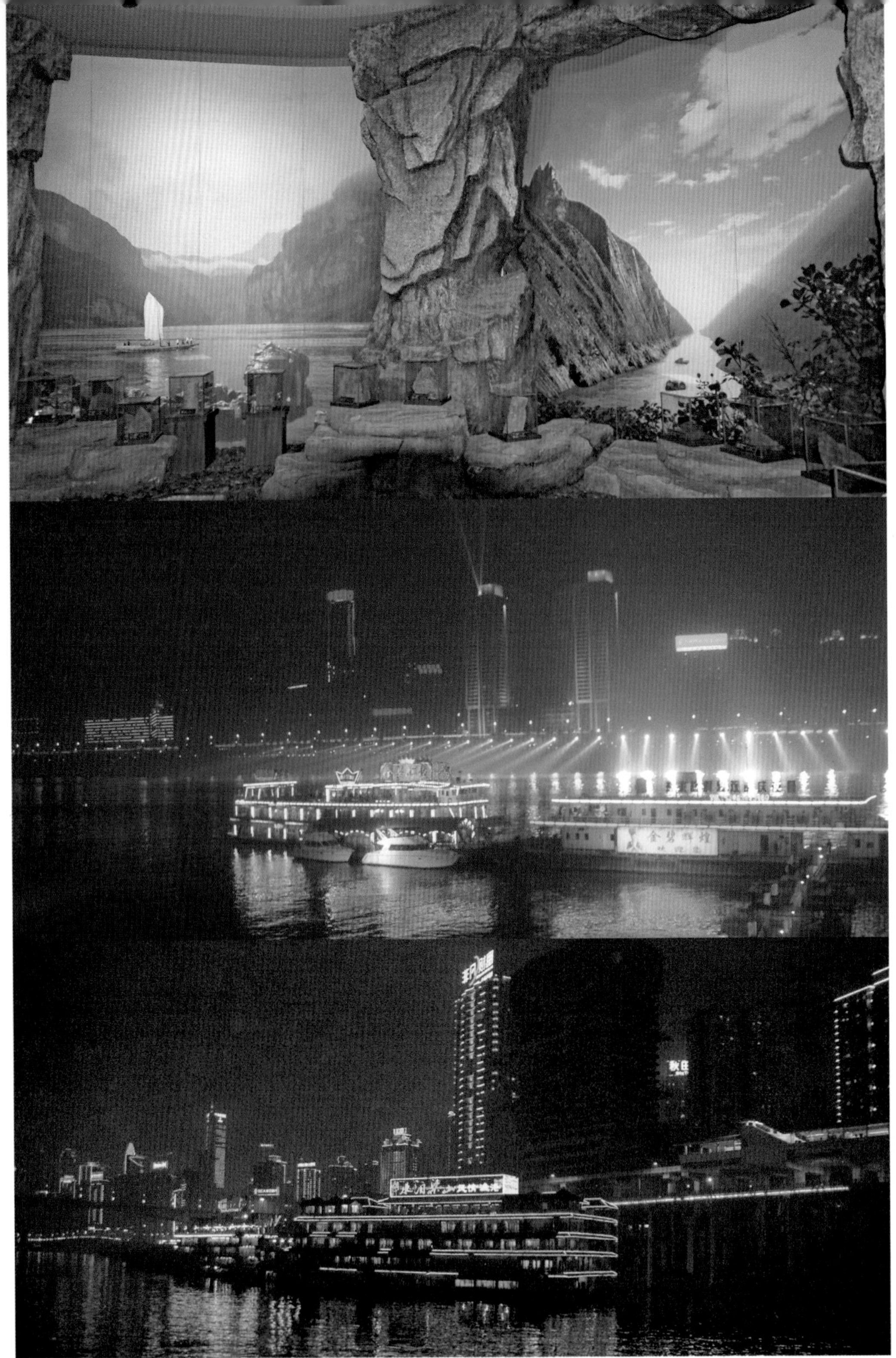

1
2

1 _ 옛 모습(왼쪽)과 현재 모습(충칭 삼협박물관 전시품)
2 _ 장강의 현재 모습(충칭에서)

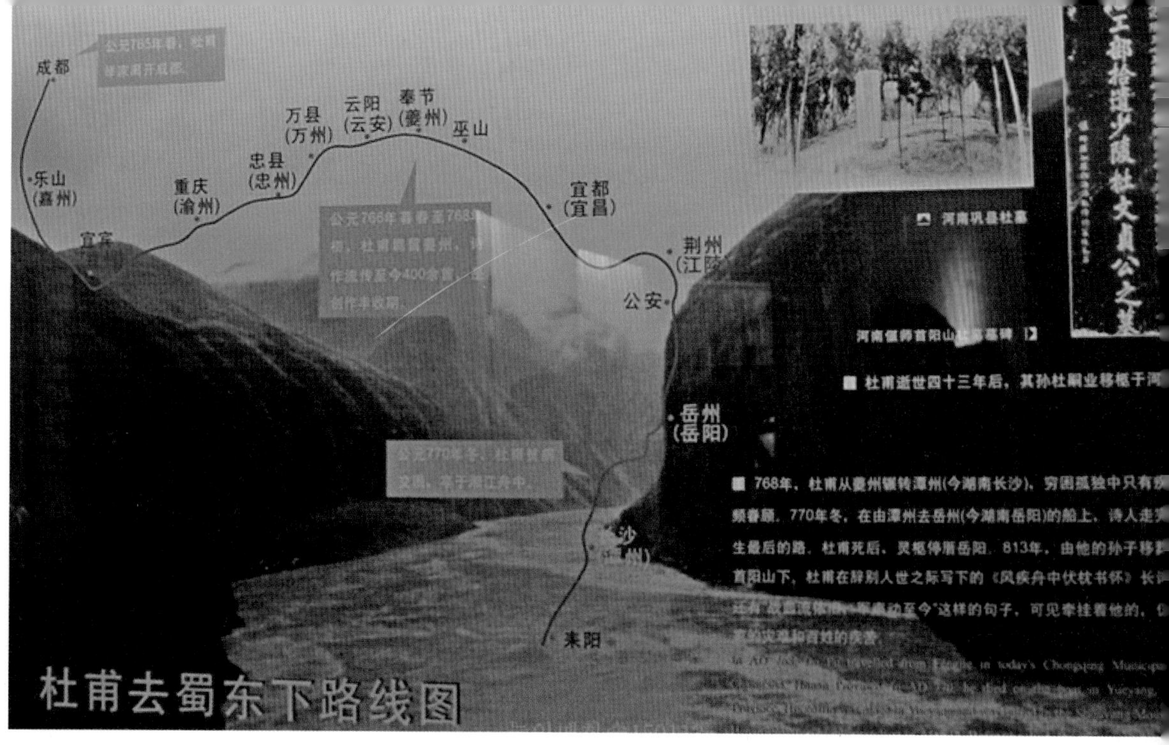

庭湖)를 건너서 상강(湘江)을 거슬러 올라가 담주(潭州), 형주(衡州) 등을 떠돈다. 폐병은 도지고 시력과 청력은 날로 나빠지는 가운데서도 배 위에서 먹고 자는 힘든 생활을 계속해야만 하였다. 동정호 근처를 동가숙(東家宿) 서가식(西家食)하면서 떠돌다가 770년 겨울에 59세를 일기로 배 속에서 죽었다.

악양은 이상향을 찾아 전국을 떠돌았던 비결파들이 마지막으로 회향(回向)하던 곳이었다. '산남강북(山南江北)'인 지역은 양기(陽氣)가 뭉친 명당으로 꼽혔는데, 악양이 이런 형세로 동천(洞天)이라고도 부른다. 동천복지(洞天福地)라 하여 도교에서 말하는 신선들이 사는 명산승경(名山勝境)이다. 하늘을 이어주는 동굴 입구라는 뜻도 된다. 바로 악양동천(岳陽洞天)이다.

두보의 시 「등악양루(登岳陽樓)」 읊어보자.

昔聞洞庭水 석문동정수　　옛날 동정호의 절경을 소문으로만 듣다가
今上岳陽樓 금상악양루　　이제야 동정호 보러 악양루에 오르네
吳楚東南坼 오초동남탁　　오나라와 초나라가 동남으로 갈라진 호수
乾坤日夜浮 건곤일야부　　하늘과 땅이 밤낮으로 호수 위에 떠 있다
親朋無一字 친붕무일자　　친척과 벗에게서는 소식조차 없고
老去有孤舟 노거유고주　　늙어가는 이 몸은 외로운 쪽배 위에 서 있다

남창의 등왕각(滕王阁)　　　　무한의 황학루(黄鹤楼)

戎馬關山北 융마관산북　　전쟁터에 나간 말은 아직도 관산 북쪽에 있고
憑軒涕泗流 빙헌체사류　　악양루 난간에 기대어 눈물 흘리노라

악양루는 삼국시대 동오의 명장 노숙이 군사적 목적으로 만든 누각이다. 716년 악주의 태수 장열(張說)이 이곳을 수리하여 다시 세우면서 악양루라고 고쳐진 후 문인재사들의 시를 읊는 유명한 장소가 되었다. 1044년 송나라 때 등자경(藤子京)이 태수로 와 퇴락해진 누각을 증수하게 되는데, 그때 범중엄을 초청하여 유명한 『악양루기(岳陽樓記)』를 짓게 한다. 현 건물은 1880년 청나라 광서제 때 다시 중건한 것으로 누각의 높이는 20미터에 삼 층 목조 건물로 되어 있다. 무한의 황학루(黃鶴樓), 남창의 등왕각(滕王閣)과 더불어 강남 3대 명루(江南三大名樓)에 꼽힌다.

두보초당을 찾아서

2016년 2월 17일. 매화가 만개하였을 때 두보초당을 찾았다. '초당'이란 이름 때문이었는지 가난하고 초라하고 검소하고 질박할 장소일 것이라 짐작하고 찾아갔다. 그러나 내가 기대했던 이미지는 여지없이 무너져 버렸다. 물론 두보가 살던 당시 초막 한 채 뿐이었으리라. 명 · 청을 거치는 동안 확장 공사를 하였기에 지금의 규모를 갖

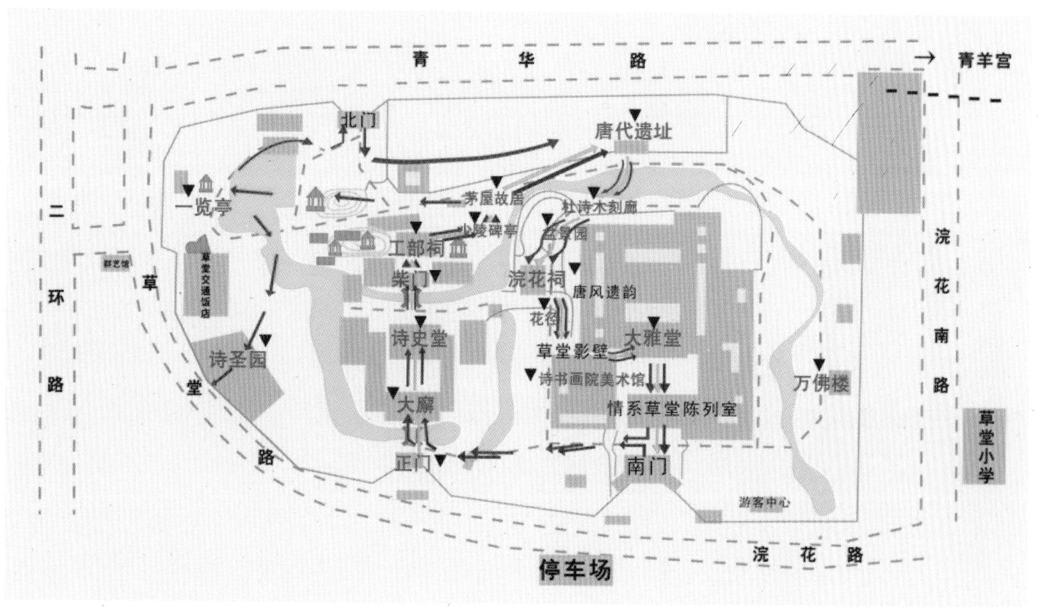

추게 되었을 것이다. 건물 규모로 짐작하니 중국에서 두보 사후 추모 열기가 어느 정도였는지를 짐작할 수 있었다. 생전 그토록 고생만 하던 두보가 죽은 후에는 '시성(詩聖)'으로 추앙받으면서 이처럼 광대한 규모의 영토를 가지게 되었다는 사실이 오히려 역설적으로 느껴졌다. 매화철이라서인지 경내는 인산인해를 이루고 있었다. 다음 목적지인 사천성박물관에서 일행들을 만나기로 한 시간 때문에 촬영을 서둘러야 하였다. 그러나 탐매객들에게 누를 끼치지 않고 싶었기에 사진으로서 기록은 불가능하였다.

두보초당의 건물 배치에 대한 설명은 성도두보초당박물관(成都杜甫草堂博物馆) 홈페이지[57]에 잘 소개되어 있다. 한글판도 있는데, 중국식 기술 때문에서인지 어색한 부분이 많아 약간 수정하여 소개한다.

오늘날의 초당은 완벽하게 보존되고 있는 가경(嘉慶, 청나라 인종의 연호 : 1796～1820)시기의 건축물이다. 대지 면적은 300묘(9000평)에 가까운데 기념사당의 구조와 시인의 옛 주거지로서 풍모를 한껏 자랑한다. 조경 풍치림 또한 아름답고 수려해서 유명한 문화성지라 불릴 만하다. 옛 두보초당 안에는 조벽(照壁), 정문(正門), 대해(大廨), 시사당(詩史堂), 자문(紫門), 공부사(工部祠) 등이 일렬로 배치되

57) http://www.cddfct.com/index.php

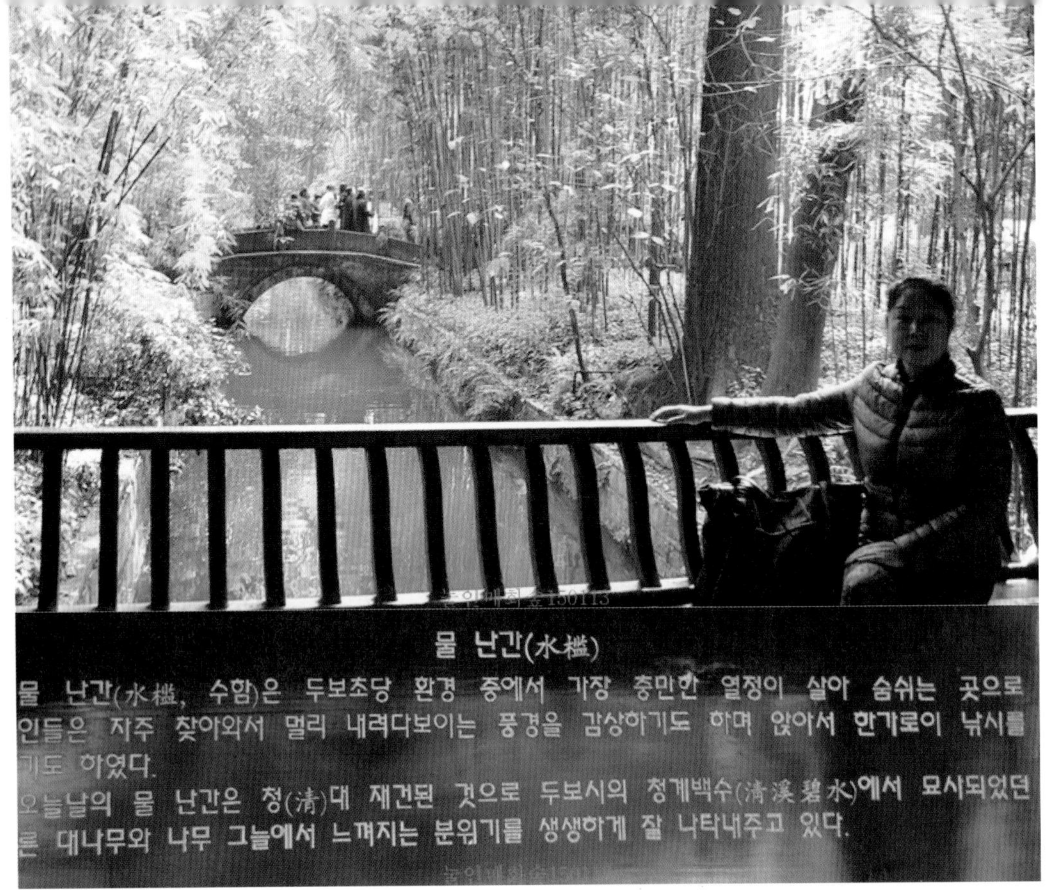

물 난간(水檻)
물 난간(水檻, 수함)은 두보초당 환경 중에서 가장 충만한 열정이 살아 숨쉬는 곳으로
인들은 자주 찾아와서 멀리 내려다보이는 풍경을 감상하기도 하며 앉아서 한가로이 낚시를
기도 하였다.
오늘날의 물 난간은 청(清)대 재건된 것으로 두보시의 청계백수(清溪碧水)에서 묘사되었던
른 대나무와 나무 그늘에서 느껴지는 분위기를 생생하게 잘 나타내주고 있다.

어 있다. 또 그 옆으로 대칭의 회랑(回廊)과 기타 부속 건축물이 있으며 그 중간 유수(流水)가 회수하는 곳에 작은 다리로 이어져 있는데 대나무와 잘 어우러져 수려한 자연경관을 돋보이게 한다.

공부사 동쪽에는 '소릉초당' 이라는 비석을 세워둔 정자가 있다. 공부사 뒤에는 명대 건축양식대로 만든 모옥고거(茅屋故居)가 있다. 이곳에서는 옛 시인의 거주 공간 및 전원 풍경을 볼 수 있으며, 걸어 둔 두보시를 읽고 향수에 젖도록 한다. 동쪽 분경원(盆景園) 옆에는 100여 수의 두보시 목각 작품을 진열해 놓은 두시목각랑(杜詩木刻廊)을 1999년 만들어 두었다. 대아당(大雅堂) 안에는 국내 최대 면적(64㎡)의 대형 벽화와 유명한 시인 12명의 조각상이 있으며, 두보의 생애와 중국 고대시가 발전사를 형상화하여 전시해 놓았다. 기본 진열관에 있는 '천년시성의 계승'이라는 전시품은 '제5회 전국10대 진열 전시관 최고품전'에서 최우수 창의상을 수상한 작품이다.

'정계초당(情系草堂)'의 자료 전시관은 국가지도자와 외국 귀빈, 해외의 유명인사 등이 초당을 찾아와 그들이 남긴 그림, 싸인, 제사 및 선물을 전시한 곳이다.

'당풍유운(唐風遺韻)'은 두보초당 특유의 상품들을 개발하고 판매하는 곳이다.

'시서화원미술관(詩書畵院美術館)'은 서예 작품을 진열, 전시, 판매 및 소장하는 곳이다.

초당 동북쪽에 위치하는 당대 유적 진열관은 2001년 말 이곳에서 발굴조사된 유적과 유물들을 전시하는 곳이다. 두보가 활동 하던 당시의 거주 환경 및 생활 정경을 상상하게 해준다.

사천요리의 대명사인 마파두부의 발생지로 유명한 성도 만복로[58]는 2005년 복원되었다. 이 도로는 초당 동쪽 녹나무 숲 옆에 위치한다.

58) 사천요리의 대명사인 마파두부(麻婆豆腐) 발생지로 알려진 만복교(萬福橋) 앞의 도로를 칭하는 것 같다.

浣花溪
公

많이 받으세요
草堂舊址陳列館

두보초당에서 탐매를

60위안, 11,000원이란 적지 않은 입장료인데 사진을 마음대로 찍을 수 없을 정도로 사람들이 많았다. 만개해서 그럴 수도 있고 중국의 탐매 명소 중 8번째에 뽑힌 곳이라서 그럴 수도 있다. 우리나라의 보해매실농원이나 섬진강 홍쌍리 매실농장도 그러하겠지.

이곳의 매화들은 대부분 5엽, 즉 단엽(單葉)이 아닌 복엽(複葉)들이다. 또 분홍이나 붉은 꽃이다. 흰색도 간혹있지만.

옛 선비들은 꽃은 작고 꽃잎은 5엽, 즉 단엽(單葉)인 백매(白梅)를 좋아했다. 받침은 녹악(綠萼)이고. 하지만 이곳에서는 잘 보이지 않는다.

분매(盆梅)들

경내에는 분매(盆梅)들이 많이 있었다. 대부분 운룡매(雲龍梅)들인데, 꽃들은 붉은 색이 대부분이었다. 그중 한 그루는 흰 꽃과 붉은 꽃이 가지를 달리하고 피는 것도 있었다. 접을 달리해서 일 것이다. 매분 뒤에 둥근 종이를 걸어 둔 곳도 있다. 매화는 보름달 아래서 보아야 제격이다.

매화시를 읽다

왼쪽이 두보의 시 「당성(堂成, 집이 다 지어지다)」 시비이다. 그 원문은 아래와 같다.

背郭堂成蔭白茅 배곽당성음백모　성곽을 등지고 집을 지어 흰 띠풀 얹어 초당을 짓고는
緣江路熟俯青郊 연강로숙부청교　강변을 따라 잘 다니든 길에서 푸른 들판을 굽어본다
榿林礙日吟風葉 기림애일음풍엽　우거진 숲은 해를 가렸고 바람에 나부끼는 잎은 노래를 하며
籠竹和烟滴露梢 롱죽화연적로초　마디 긴 대나무에 물안개, 이슬 젖은 나뭇가지
暫止飛烏將數子 잠지비오장수자　잠깐 앉았다 날아가는 까마귀는 새끼 몇 거느리고
頻來語燕定新巢 빈래어연정신소　자주 날아와 지껄이는 제비는 새 둥지를 만드는구나
旁人錯比楊雄宅 방인착비양웅댁　이웃들이 양웅[59]의 집이라 잘못 비기기도 하나
嬾惰無心作解嘲 난타무심작해조　천성이 게으른 내가 조롱을 해명할 생각 전혀 없도다

두보의 「어느 봄 밤 반가운 비」 즉 「춘야희우(春夜喜雨)」는 그림과 함께 매화나무 밑에 서 있다. 관리 생활을 청산하고 이곳에서 초당을 짓고 살아갈 때의 작품으로 알려진 시이다.

好雨知時節 호우지시절　좋은 비는 시절을 알고 내리나니
當春乃發生 당춘내발생　봄이면 초목이 싹트고 자란다
隨風潛入夜 수풍잠입야　봄비는 바람 따라 몰래 밤에 들어
潤物細無聲 윤물세무성　가늘게 소리도 없이 만물을 적신다
野徑雲俱黑 야경운구흑　들길과 하늘의 구름 모두 어두운데
江船火獨明 강선화독명　강가의 배에 불빛 번쩍번쩍

59) 여기서 양웅 (楊雄: 기원전 53년~기원후 18년)은 중국 전한 말기 사상가이며 문장가를 일컫는 듯하다. 이곳 성도에서 태어났다. 전한의 12대 황제 성제 (成帝, 재위 기원전 33년~기원전 7년) 때 궁중의 제사를 관장하는 관원인 급사황문랑(給事黃門郎)이 되었다. 궁정 쿠데타로 왕망이 신(新)의 왕실을 일으켰을 때 그에게 빌붙어 벼슬을 이어갔다. 송대(宋代) 이후의 절의관(節義觀)으로부터 비난을 받았고, 권력에 겸유(謙柔)한 성격의 소유자로 낙인 찍혔다.

曉看紅濕處 효간홍습처　　이른 아침 붉게 젖은 땅을 보니
花重錦官城 화중금관성　　금관성엔 꽃 활짝 피었으리

마지막 구절, 여명이 돋는 새벽 밤비에 촉촉이 젖어 붉게 피어난 꽃들을 보았으니 날이 환히 밝으면, 금관성, 즉 성도 곳곳에 온갖 꽃(매화)들이 활짝 필 것이라고 말하고 있다.

「강가에 피는 매화(江梅)」 唐 · 杜甫

梅蕊臘前破 매예석전파　　매화 꽃술은 섣달 전에 졌고
梅花年後多 매화년후다　　매화의 꽃은 해를 넘겨 많이 피네

絕知春意好 절지춘의호　봄날이 좋다는 건 절실히 알았건만
最奈客愁何 최내객수하　제일 먼저는 나그네 수심이러니
雪樹元同色 설수원동색　눈과 나무는 원래 같은 색이라네
江風亦自波 강풍역자파　강바람도 본래 물결에서 일어나는 법이라네
故園不可見 고원불가견　고향의 땅을 볼 수가 없으니
巫岫鬱嵯峨 무수울차아　무산의 높은 산 답답하여라

「태산을 바라보며 望岳」 杜甫

岱宗夫如何 대종부여하　오악의 으뜸인 태산에 오르니
齊魯靑未了 제노청미료　옛 제나라와 노나라 땅엔 푸르름 끝없고
造化鍾神秀 조화종신수　조물주는 신묘한 절경을 펼쳤는데
陰陽割昏曉 음양할혼효　산 남 북쪽이 아침저녁을 갈랐다
蕩胸生曾雲 탕흉생층운　층층이 일어나는 구름에 가슴 설레니
決眦入歸鳥 결자입귀조　눈 부릅뜨고 돌아드는 새를 바라본다
會當凌絕頂 회당릉절정　내 마땅히 정상에 올라
一覽衆山小 일람중산소　뭇 산들의 자그마함을 굽어 보리라!

당 張渭(장위)의 「조매(早梅)」

一樹寒梅白玉條 일수한매백옥조　백옥 같은 가지의 한 매화 한 그루
逈臨村路傍溪橋 회임촌로방계교　그윽한 마을로 들어가는 시냇가에 피었네
不知近水花先發 부지근수화선발　물 가까이 있는 꽃이 먼저 피는 줄은 모르고
凝是經冬雪未消 응시경동설미소　아직 녹지 않은 눈인 줄 알았네

당나라 소식(蘇軾)의 「만매상영(贈嶺上梅)」이란 시도 보인다.

난창 서쪽 해발 약 800미터에 있는 메이링(梅嶺)은 산이 험하고 물이 맑으며 붉고 흰 매화가 많아 이 이름을 얻었다. 유령(庾嶺), 대유렬(大庾嶺), 메이관(梅關) 이라고도 불린다.

소동파는 예순이 다 되는 1094년 9월 광동성(廣東省) 혜주(惠州)로 유배를 갈 때 이 고개를 넘었다. 1100년 정월 초나흘 귀양살이를 마치고 돌아오는 길에도 이 고개를 넘었는데, 이미 매화가 지고 있을 때이다. 꽃을 보지 못해 아쉬움을 달래며 지은 시이다.

梅花開盡白花開 매화개진백화개　매화 피었다 진 뒤 하얀꽃 피었네
過盡行人君不來 과진행인군불래　모든 사람 지나가도 그대는 오지 않네

不趁青梅嘗煮酒 불진청매상자주　　청매실로 담근 술 맛보지 못한다면
要看細雨熟黃梅 요간세우숙황매　　보슬비에 익어가는 황매라도 봐야겠네

남송 육유(陸游)의 시 두 수도 보인다.

「영매화(詠梅花)」

當年走馬錦城西 당년주마금성서　　그 해 말 달려서 금관성 서쪽에 오니
曾爲梅花醉似泥 증위매화취사니　　일찍이 매화 향기에 흠뻑 취했지요
二十里路香不斷 이십리로향부단　　이십 리 길도 그 향기 끊이지 않더니
靑羊宮到浣花溪 청양궁도완화계　　어느새 청양궁에서 완화계에 이르렀노라

「복산자 영매(卜算子 詠梅)」

驛外斷橋邊 역외단교변　　역참 밖 끊어진 다리 옆에
寂寞開無主 적막개무주　　주인도 없이 쓸쓸히 홀로 피어있네
已是黃昏獨自愁 이시황혼독자수　　해거름 바라보며 혼자서도 처량한데
更著風和雨 갱저풍화우　　다시 비바람마저 불어와 그치지 않네
無意苦爭春 무의고쟁춘　　다른 봄꽃들과 잘났다고 다툴 생각이 없으니
一任群芳妒 일임군방투　　다른 꽃들이 다투어 피게 내버려두어라
零落成泥碾作塵 영락성니년작진　　말라 떨어지고, 진흙이 되고, 또 먼지가 되어서도
只有香如故 지유향여고　　옛 향기만 옛날대로 남아있으리

모택동(毛澤東)도 「복산자(卜算子) 영매(詠梅)」라는 제목의 시를 남겼다. 이 때문에 육유의 이 시가 더욱 유명해졌다. 선비로서의 육유의 모습과 혁명가로서의 모택동의 모습을 잘 비교할 수 있는 글로 여겨진다.

早梅 唐 張謂

一樹寒梅白玉條，迥臨村路傍溪橋。不知近水花先發，疑是經冬雪未銷。

贈嶺上梅 宋 蘇軾

梅花開盡百花開，過盡行人君不來。不趁青梅嘗煮酒，要看細雨熟黃梅。

望嶽 唐 杜甫

岱宗夫如何，齊魯青未了。造化鍾神秀，陰陽割昏曉。盪胸生層雲，決眥入歸鳥。會當凌絕頂，一覽衆山小。

江梅 唐 杜甫

梅蕊臘前破，梅花年後多。絕知春意好，最奈客愁何。雪樹元同色，江風亦自波。故園不可見，巫岫鬱嵯峨。

梅花絕句 宋 陸游

當年走馬錦城西，曾為梅花醉似泥。二十里中香不斷，青羊宮到浣花溪。

卜算子 詠梅 宋 陸游

驛外斷橋邊，寂寞開無主。已是黃昏獨自愁，更著風和雨。無意苦爭春，一任群芳妒。零落成泥碾作塵，只有香如故。

소주 전통정원에서 탐매를

쑤저우[蘇州]의 고전원림(古典園林)

중국의 정원을 규모에 따라 정(庭), 원(院), 중원(中園)과 대원(大園), 원림(園林), 원유(園囿) 등으로 나눈다. 대청 앞에서 대문까지를 정(庭)이라 한다. 면적이 아주 좁은 내원(內院)으로, 청당(廳堂) 앞에 위치한다. 보통 주위가 담 등 건축물들로 둘러싸여 밀폐되어 있다. 빗물마저도 마당 안으로만 떨어지게끔 해 두어 이 속에 들어서면 우물 안에서 하늘 보는 즉 '좌정관천(坐井觀天)'의 느낌이 든다. 담장, 즉 원(垣)이 있는 집을 원(院)이라 한다. 담장으로 둘러싸인 외부 공간인데, 요즈음의 마당이다. 북방의 민거(民居) 중 사합원(四合院) 형식이 가장 전형적인 원이다. 주로 가운데 화단을 설치하고, 화목을 심어 생활공간을 꾸미고 있다.

수목을 재배하는 곳을 원(園)이라 한다. 담장으로 사방을 둘러싸고, 그 안에 화목(花木) · 건축물 · 산석(山石) · 수지(水池) 등을 설치하여, 거주 · 관상(觀賞) · 유완(遊玩)할 수 있는 곳이다. 원이 발전하여 다양한 형태의 원림을 만들었다. 특히 중형 및 대형 원림은 규모가 크고 독립성이 강할 뿐 아니라 기능 또한 다양해 진다.

원유란 금수(禽獸)를 사육하고 임목(林木)을 재배하는 곳으로 원림이 주축을 이루고 있는 황제의 행궁(行宮) 또는 대형 황실 원림을 일컫는다. 규모가 크고 면적이 넓을 뿐 아니라 지형의 변화가 풍부하고 경치가 아름다운 지역에 주로 만들었다. 북경(北京)의 이화원, 청더[承德市] 피서산장(避暑山莊)이 대표적인 예가 된다. 중국에서 가장 큰 황실 정원인 피서산장은 '이궁(離宮)'이라고 불리는 청나라 때 별궁으로, 여름에는 황제가 집무를 이곳에서 보았기에 피서별궁, 열하행궁으로도 불렸다.

한국에서는 궁궐 또는 선비들의 별서정원이, 일본에서는 사찰정원이 크게 발달한 반면, 중국의 정원은 부유한 관리들과 문인들의 민간정원을 중심으로 발전해 왔다. 따라서 중국의 정원은 형식에 치우치지 않는 자유분방함이 돋보이는 반면, 다소 산만하고 현란하다는 느낌을 줄 수도 있다.

'동방의 베니스'라고 불리는 장쑤성[江蘇省] 쑤저우[蘇州]에서는 일찍부터 원림 문화가 발전되어 왔다. 부를 축적한 관리들과 문인, 또는 상인들이 크게 늘어 났는데다, 전국시대부터 발달한 건축기술, 그리고 정원을 장식하는데 적격(適格)인 태호석(太湖石)이라는 재료를 쉽게 구할 수 있는 곳이기도 하다. 수로가 잘 발달되어 물을 쉽게 끌어다 쓸 수 있는 곳이었고, 나무들이 잘 자랄 수 있는 자연환경 등 정원 있는 저택을 만들기 유리한 조건을 갖춘 곳이었다.

보통 소주의 고전원림은 주택과 화원이 함께 자리한다. 주택은 강남 고대 건축의 정화라고 할 수 있을 정도로 화려하면서도 웅대하다. 화원 부분은 대자연의 아름다움을 축소하여 사람과 자연이 조화를 이루도록 설계되었다. 그래서 소주의 고전원림을 거닐다 보면 이르는 곳마다 대자연의 정취와 문화적인 분위기를 느낄 수 있다.

소주의 정원은 명청대(明清代)에 와서 전성기를 맞이하게 된다. 그래서 이 시기에 많은 원림 예술가와 유명한 원림 건축물을 탄생시켰다. 대부분의 중국 고대원림 설계사들은 시와 그림 등에 능(能)해 높은 문화적인 수양을 갖추고 있었다. 그들은 시(詩)적인 정취와 그림 같은 경지를 추구하기 위하여 연못을 파고 산을 만들고 꽃과 나무를 심도록 정원을 설계하였다. 그래서 소주의 고전원림은 '소리 없는 시, 입체적인 그림'으로 불리기도 한다. 그래서 '강남원림갑천하(江南園林甲天下) 소주원림갑강남(蘇州園林甲江南)'이라는 말이 생겨났다. 즉 강남의 정원이 천하 으뜸이고, 소주 정원이 강남의 으뜸이라는 말이다. 이처럼 소주는 매화 재배 뿐 아니라 정원으로도 매우 유명한 곳이었다.

소주 고성(蘇州古城)내에는 현재 69곳에 달하는 고전원림이 완전하게 보존되어 있다. 이들 중 창랑정(滄浪亭), 사자림(獅子林), 졸정원(拙政園) 그리고 유원(留園)은

오인묘
소주실크
박물관
졸정원
도개교
소주동물원
류원
잔립원
현묘관
사자림
관전가
소주대학
소주
공원
창랑정
망사원
계화공원
반문
경구
소주락원
소주공화
전시관
하산공원
西
环
路
人
民
路
園林博物館
蘇州園林博物館
SUZHOU GARDEN MUSEUM
蘇州園林博物館

사자림

졸정원

유원

각 시기별, 즉 송(宋 : 960~1278), 원(元 : 1271~1368), 명(明 : 1368~1644), 청(淸 : 1644~1911)이라는 4개 왕조(王朝)의 대표적인 특징을 보여주는 곳이다. 그래서 이들을 소주의 4대 명원(蘇州 四大名園)이라 칭한다.

유네스코 세계유산위원회서는 소주 고전원림의 설계 이념을 높이 평가하여 1997년 12월 4일 졸정원(拙政園)과 망사원(網師園), 유원(劉園), 사자림(獅子林)을 '소주(蘇州) 전통정원(Classical Gardens of Suzhou)' 이라는 이름으로 '세계문화유산'으로 지정하였다. 또 2000년 11월 30일 창랑정(滄浪亭) 등 5곳을 추가로 지정하면서 '소주 전통정원', 즉 '소주 고전 원림'이 모두 9곳에 이르게 되었다.

세계문화유산으로 지정된 소주 전통정원

지정번호	명칭			면적(Ha)	지정일
813-001	줘쩡위안	졸정원(拙政園)	The Humble Administrator's Garden	5.195	1997.12.4
813-002	리우유안	유원(留園)	The Lingering Garden	2.331	1997.12.4
813-003	왕시유안	망사원(網師園)	The Master-of-Nets Garden	0.54	1997.12.4
813-004	후안시우샨짱	환수산장(環秀山莊)	The Mountain Villa with Embracing Beauty	0.218	1997.12.4
813-005	캉랑팅	창랑정(滄浪亭)	The Cangling Pavilion	지정 : 1.174 완충 : 16.362	2000.11.30
813-006	시지린	사자림(獅子林)	The Lion Forest Garden	지정 : 0.874 완충 : 4.79	2000.11.30
813-007	이푸	예포(藝圃)	The Garden of Cultivation	지정 : 0.38 완충 : 1.117	2000.11.30
813-008	오우유안	우원(耦園)	The Couple's Retreat	지정 : 0.789 완충 : 3.039	2000.11.30
813-009	투이시유안	퇴사원(退思園)	The Retreat &Reflection Garden	지정 : 0.421 완충 : 1.531	2000.11.30

'세계문화유산'으로 지정한 9곳 중 퇴사원(退思園) 만은 소주(蘇州) 성안에 있지 않다. 소주 시내에서 남동쪽으로 18Km떨어진 작은 도시이자 강소(江蘇)성 오강(吳江)시에 속하는 통리[同里]의 동계가(東溪街)에 위치한다.

2007년 '늘인매화숲'을 조성하기로 결심하고 먼저 세계문화유산으로 지정된 '소주 전통정원'을 빠짐없이 찾아보기로 작정하였다. 먼저 소주의 4대 명원(蘇州 四大名園)

退思園
WORLD HERITAGE · PATRIMOINE MONDIAL
THE CLASSICAL GARDENS OF SUZHOU

퇴사원

이라 꼽히는 창랑정(滄浪亭), 사자림(獅子林), 졸정원(拙政園) 유원(留園)을 찾았다. 2011년 퉁리[同里]의 퇴사원(退思園)도 다녀왔지만 나머지 망사원(網師園), 환수산장(環秀山莊), 예포(藝圃), 우원(耦園)은 찾아보지 못하고 있었다.

눌인매화숲 조성하는 도중 이들 중 한 곳을 찾게 되었다. 세계적인 화가 장대천(張大千)이 머문 망사원(網師園)이 그곳이다. 그 과정에서 매화정원이 별도로 마련된 이원(怡園)도 둘러볼 수가 있었다.

가. 망사원(網師園)

2015년 1월 남경 소주 탐매여행에서도 한 곳을 추가할 수 있었다. 그날 아침 일찍 호텔을 출발하여 소주시에서 서남쪽 4.6km 떨어진 석호(石湖)라는 호숫가로 갔다. 1186년 세계 최초의 매화 전문 서적인『범촌매보(范村梅譜)』를 펴낸 범성대의 유지(遺祉)인 범성대사(范成大祠)를 찾기 위해서 였다. 범성대가 남의 집 70여 채를 사서 다 헐고서 조성하였다는 범촌(范村)에서는 오래되고 멋이 있는 매화들을 많이 볼 수 있으리라 기대하고 찾았지만 크게 실망하고 돌아온 것이다. 범성대사의 규모가 작고 초라하기도 하였지만 더부살이 하는 모습이 안쓰러워서였다. 택시를 대절해 대기시켜 두었기에 점심 전 돌아올 수가 있었다. 그래서 찾은 곳이 바로 망사원(網師園)이다. 1997년 12월에 유네스코 선정 세계문화유산으로 등록된 곳이기도 하다.

망사원은 창랑정에서 2블록 동쪽 활가두(闊街頭) 거리에 있었다. 남송(南宋) 때인 1140년 사정지(史正志)가 만권당(萬卷堂)을 짓고, 정원을 만들어 '어은(漁隱)'이라 이름 지어 노년을 보냈던 곳이다. 청(淸) 건륭(乾隆 : 1736~1796) 중엽 관료주의에 염증을 느낀 송종원(宋宗元)이 복원하면서 관료보다는 어부가 되겠다는 의미로 망사원이란 이름을 지었다고 한다. 즉 망사와 어은은 물고기를 잡는 그물과 어부의 집이라 상통하는 이름이다. 면적은 5,400㎡에 불과하지만 실제 크기보다 더 넓은 것 같은 착각을 일으키게 하는 공간 배치로 인상 깊은 곳이다. 소박한 정원이 가진 편안함과 조화로운 분위기는 국보급 정원이라 할 만큼 빈틈없이 꾸며 놓았다.

망사원을 거주 지역, 중앙 정원과, 내부 정원으로 나눌 수 있다. 중앙정원 큰 연못을 복도와 '탁영수각(濯纓水閣)'이나 '월도풍래정(月到風來亭)' 같은 다양한 건물들이 에워싸고 있다. 많은 건물들이 밀집해 있어도 답답하지 않고 훤히 트여 있다. 복도를 따라 정원 주변을 거닐면, 창틀을 통해서 아름다운 꽃들과 식물들을 감상할 수 있다. 이곳 '야화원(夜花園)'에서는 강소성 지방 희극인 곤곡(昆曲)과 민간문예인 평탄(評彈) 등 강남 특유의 공연을 볼 수 있다.

'문청(門廳)'을 들어가면 '교청(轎廳)'이 나온다. 그 뒤 '대청(大廳)'과 '만권당(萬卷堂)', '힐수루(擷秀樓)'가 일직선으로 배치되어 있다. 이 축을 중심으로 연못을 상하로 구획, 정원과 주거 공간을 배치하는 유형을 택하고 있다. 중국 정원에서 흔히 볼 수 있는 형태이다. 교청을 중심으로 북쪽과 남쪽에 각각 하나의 문을 두고 있는데, 문미(門楣)에 '조요고삭(藻耀高朔)'과 '죽송승무(竹松承茂)'라는 글자를 각각 새겨두고 있다. 벽감(壁龕)에 정교한 조각물을 새겨 넣은 것, 길상 문양으로 돋을새김한 것 하나하나 찬탄을 금치 못하게 한다. 지붕 장식은 소주에서는 가장 뛰어난 연와(煉瓦) 조각품이다.

교청앞에서 왼쪽으로 난 길을 따라 나서면 '금실(琴室)'이 나타난다. 이곳을 지나서 '소산총계헌(小山叢桂軒)' 옆으로, 서쪽으로 난 '장랑'을 지나면 '전춘이(殿春簃)'가 나온다. 전춘이는 중국이 나은 세계적인 작가, 장대천(張大千)과 그의 형 장선자가 한때 작업장으로 이용하던 곳이다.

전춘이 옆 장랑에는 '월도풍래정(月到風來亭)'이라는 정자가 못가에 기대어있다. 월도풍래정이라는 이름은 소강절[60](邵康節) 의 「청야음(淸夜吟)」이라는 다음 시에서 나온 말이다.

月到天心處 월도천심처 달이 하늘 가운데 이르고
風來水面時 풍래수면시 바람이 수면에 불어오는구나
一般淸意味 일반청의미 이처럼 청량한 기분의 맛
料得少人知 요득소인지 아는 이 드물구나

60) 중국 송대의 학자 시인. '강절'은 시호(諡號). 이름은 옹(雍), 자는 요부(堯夫), 호(號)는 안락선생(安樂先生)

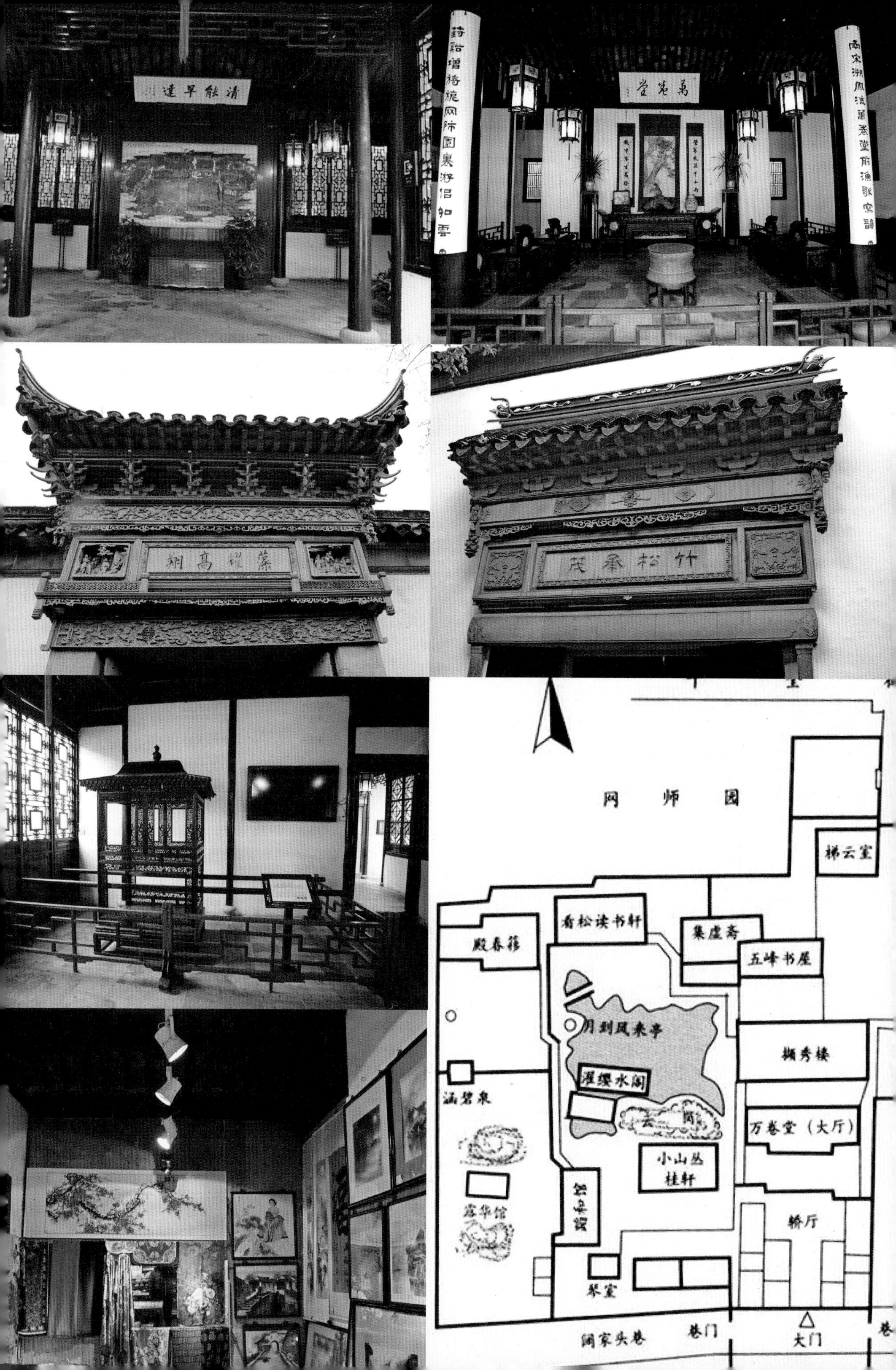

清能早達
萬卷堂
藻耀高翔
竹松承茂
网师园
梯云室
看松读书轩
集虚斋
殿春簃
五峰书屋
月到风来亭
撷秀楼
濯缨水阁
涵碧泉
云岗
万卷堂（大厅）
小山丛桂轩
露华馆
轿厅
琴室
阔家头巷
巷门
大门
巷

전춘이의 동쪽에는 '간송독화헌(看松讀畵軒)'이 있다. 둥근 탁자와 의자만이 옛날의 영화를 느끼게 한다. 건물 앞 연못과의 사이에 백피송(白松 · 白皮松 · 白骨松 이라고도 함) 한그루가 비스듬히 누워있다. 중국 동북부 지역의 특이한 소나무인데, 충청남도 예산군 추사고택이나 경남 산청 겁외사에서도 볼 수 있는 나무이다. 본래 이 자리에는 남송(南宋)때 심은 나한송(羅漢松) 한 그루가 있던 장소였다. 이 나무는 1982년 마르고 말라(枯萎) 죽어버렸다고 한다.[61]

홍양길(洪亮吉)[62]의 시 「망사원(網師園)」 2수(二首)를 소개한다.

기 1

太湖三千六千頃 태호삼천육천경　　태호 삼만 육천 이랑의 물결
與我此君同枕波 여아차군동침파　　나 그대와 더불어 그 물결을 베고 누우리라
欲羡水西灣子里 욕선수서만자리　　호수 서쪽 물 굽이진 마을을 부러워하였더니
輸君先已挂漁蓑 수군선이괘어사　　그대[63] 임에게 먼저 찾아가 어부의 도롱이를 걸어 두었군

기 2

城南那復有閑廛 성남나부유한전　　성남에 이처럼 한적하게 머물 데가 또 있을까
生翠叢中築數椽 생취총중축수연　　푸른 물이 흐를 듯한 숲 속에 두어칸 집을 지었구려
他日買魚雙艇子 타일매어쌍정자　　훗날 뱃사공에게 고기 사려거든
定應先詣網師園 정응선예망사원　　마땅히 먼저 망사원으로 찾아오게나

---

61) 徐藝藝編著, 2011,『中國園林鑑賞手册』湖南美術出版社

62) 홍량길(洪亮吉:1746～1809) 청(淸) 강소(江蘇) 양호(陽湖) 사람. 자는 치존(稚存) 또는 군직(君直), 호는 북강(北江). 건륭(乾隆) 55년(1790) 진사가 되고, 편수(編修)에 올랐다. 가경(嘉慶) 4년(1799) 시폐(時弊)를 논박한 상서가 격렬, 겨우 목숨을 건지고 이리(伊犁)로 유형을 당했다. 100일 후인 다음 해 "홍량길에게 죄를 준 뒤부터 일에 대해 말하는 사람이 날로 줄어든다.(罪亮吉後 言事者日少)" 하여 석방하자 귀향하였다. 스스로 갱생거사(更生居士)라 부르며, 10년을 고향에서 지내다가 죽었다. 젊은 시절 시인으로 황경인(黃景仁)과 함께 명성이 높았고, 우정도 돈독하여서'홍황(洪黃)'으로 불렸다. 산문 및 사륙문(四六文)에도 능해'병려문팔대가(駢驪文八大家)'의 한 사람으로 알려졌다. 경학과 역사지리학에도 조예가 깊어, 인구가 지나치게 느는 폐해에 대해 지적, 근대 인구학설(人口學說) 선구자로 평가받고 있다. 저서에 『춘추좌전고(春秋左傳詁)』 20권과 『동진강역지(東晉疆域志)』 4권, 『십륙국강역지(十六國彊域志)』 16권 등이 있다. 저술 22종은 『홍북강전집(洪北江全集)』 84권으로 간행되었다. 시문집에 『권시각집(卷施閣集)』 41권과 『갱생재집(更生齋集)』 28권, 『북강시화(北江詩話)』 6권 등이 있다.
이회문화사, 2010, 『중국역대인명사전』

63) 망사원은 송(宋)나라 사정지(史正志)가 만권당(萬卷堂)을 짓고, 정원을 만들어 어은(漁隱)이라 이름하였던 곳이었다. 청(淸) 건륭(乾隆) 중엽 송종원(宋宗元)에게 넘어가 '망사원'이라 했는데, 다시 구원촌(瞿遠村)에게 넘어가 구원(瞿園)이라고 했다. 여기서 '그대'는 구원촌을 가리킨다.

看松讀畫軒

장대천(張大千)의 발자취를 좇아서

전춘이(殿春簃)

전춘(殿春)이란 음력 3월을 달리 이르는 말. 송춘(送春)과 같은 말인데, 즉 봄이 끝났다는 뜻이다. 이(簃)는 누각이라는 뜻이니 봄이 끝날 때 찾는 누각이란 뜻이다. 남쪽에 '함벽천(涵碧泉)'이라는 샘물과, '냉천정(冷泉亭)'이 있는 독립된 정원을 갖고 있는 전춘이이다. 「상유작약전춘풍(尙留芍葯殿春風)」이라는 시로 유명한 곳이기도 한데, 그래서인지 곳곳에 작약(芍葯)을 심어두었다 한다. 내부 정원의 독특함은 1981년 미국 메트로폴리탄박물관(The Metropolitan Museum of Art)의 중국정원 '명헌(明軒)'의 모델이 되었고 파리의 퐁피두센터에도 축소 모형이 전시되어 있다.

중국 특유의 창경(窓景)을 볼 수 있는 전춘이는 현대 중국회화의 거장 장다첸[張大千 : 1899～1983]과 그의 둘째형 장선자[64](張善子, 1882～1940)와 함께 화실로 사용한 공간이기도 하다. 1932년부터 돈황으로 간 1940년까지 이곳에서 왕성한 창작활동을 하였다고 한다. 그래서인지 '전춘이' 내부에는 정대천과 장선자의 작품이 전시되어 있고, 그 옆방에는 그들이 사용하였을 법한 문방구류와 자기류가 함께 전시되어 있다.

벽에는 장선자의 호랑이 그림과 장선자가 호랑이와 노는 모습을 찍은 사진이 붙어 있다. 흰 바위 면에 "가유인형혜존선자망사원조호지경(嘉有仁兄惠存善子網師園調虎之景)"이라는 글을 써 둔 사진이다. 장선자(張善子)가 망사원에서 호랑이와 노는 모습

64) 張善孖. 이름은 澤, 자(字)는 善 또는 善子, 善之, 호는 호치(虎癡). 현대명화가, 畫虎大師

의 사진을 '가유(嘉有)'라는 분께 보냈다는데, '가유'가 누구인지는 모르겠다. 반자중(潘慈中)이 기증한 사진이라는 설명은 붙어있다.

장대천은 6명의 형과 누나 1명 있는 가정의 막내로 태어났다. 형제 모두 그림에 소질이 있었는데, 특히 둘째형 장선자(張善孖)와 특별한 교감이 있었다고 한다. 형제는 '대풍당(大風堂)'이란 화실 이름을 같이 쓸 정도로 친했다. 형 장선자는 한 고조 유방(劉邦)이 지은 「대풍가[65](大風歌)」를 좋아하였고, 동생 정대천은 청초의 화가 장대풍

65) 대풍가는 다음과 같다.

大風起兮雲飛揚 대풍기혜운비양	거센 바람 부니 구름 높이 휘날리고,
威家海内兮歸故鄕 위가해내혜귀고향	위엄을 세상에 더하고 고향으로 돌아가네.
安得猛士兮守四方 안득맹사혜수사방	어떻게 용맹한 군사를 얻어 사방을 지키리.

1 _ 전춘이 내부
2 _ 전춘이 내부정원
3 _ 미국 메트로 박물관 중국정원 명헌(明軒)
4 _ 장선자가 전춘이에서 호랑이와 노는 모습

(張大風)을 존경하였다. 그들이 살았던 상해의 집(上海 法租界 西門路 169號)에 '대풍당'이란 이름의 화실을 만들었고, 같이 화파(畵派)를 설립하였다. 충칭[重慶]에서 '항일류동화전(抗日流動畵展)'이라는 주제로 공동전을 열었던 적도 있다. 현재 쓰찬성[四川省] 청뚜[成都]에 있는 '사천박물원(四川博物院)'에는 이 고향 출신 장대천 형제의 유물을 전시하는 '장대천서화관(張大千書畫館)'을 별도로 마련해 두었다.

1940년부터 2년 7개월 동안 돈황(敦煌) 천불동에서 고대 벽화 모사를 통하여 세화(細畫)와 색의 조합을 연마하였다. 황산(黃山) · 노산(蘆山) 등 명산대천을 사생하면서 얻은 자연스러운 붓놀림은 개성적인 발묵과 발색의 경지를 이루었다.

돈황막고굴

1947년 홍콩, 1949년 타이완, 1950년 인도 그리고 아르헨티나 · 브라질 등지에서 살았다. 파리와 뉴욕을 비롯하여 태국 · 독일 등 세계 여러 나라 미술관에서 개인전을 개최하였다. 유명 작가들과 교유하였는데, 피카소에게는 용필법과 동양의 회화정신을 가르치기도 하였다. 1978년 타이완으로 건너가 국립고궁박물관 근처에 마야정사(摩耶精舍)를 짓고 여생을 보냈다. 현재 '장대천기념미술관'으로 사용되는 이곳에서도 많은 작품을 남겼으며, 화집도 다수 출간하였다.

장대천은 북쪽 출신 화가 제백석(齊白石)과 함께 '남장북제(南張北齊)'라 불린다. 2011년 미술품 경매시장에서 최고 판매가(팔린 작품의 합계금액)를 기록한 화가로 이 두 사람을 꼽는다. 전 세계 경매사 가격 동향을 조사 분석하는 아트프라이스(佛, 미술시장 분석 전문잡지)가 발표한 내용이다. 장대천의 작품 '스위스 아헨(Aachen) 호수'는 2010년 경매에서 1억80만 위안(한화 약 177억4천만 원)에 낙찰되었을 정도이다.

망사원에서도 탐매를 할 요량으로 열심히 돌아다녔다. 아직 때가 일러서인지 매화는 보이지 않는다. 그러나 향기를 따라 찾아가니 여기저기 납매가 노오란 꽃을 피우고 있다. 다실에서 차를 한 잔 시켜놓고 가게에 걸려있는 그림을 둘러 보았다. 매화 그림이 여럿 있다. 도자기 전시실에도 매화를 그린 작품들이 여럿 보이나 너무 어두운데, 유리 진열장 안에 들어 있어 사진 상태가 좋지 않다.

2019년 2월 대만 고궁박물관 앞에 있는 전통 정원 지선원(至善園)과 장대천 기념미술관인 마야정사를 찾았다. 두 곳 모두 탐매처로 유명하다는 보도를 접하였기 때문

四川博物院
五百年来第一人
"大风起兮云飞扬，威加海内兮归故乡，安得猛士兮守四方。"这是汉高祖刘邦的《大风歌》。著名画家张善子和张大千先生既取意《大风歌》，又撷明末清初画家张大风之名，为他们的画堂命名为"大风堂"。张氏昆仲不虚此名，在二十世纪的画坛挥毫扬风，艺振寰宇。
大千先生仙寿八十有五，从艺七十余载，仰天纵之才，尽毕生之功，踪迹先贤，遍游名山，熔铸古今，集先古画学之大成，施墨成画数万余帧。工笔写意均入妙境，山水、人物、花鸟皆富神采。其清丽俊逸之笔，纵情泼彩之韵，令中西雅士神往。他的才情与勤勉，胆识与阅历皆非常人所能企及，正如徐悲鸿先生所誉："张大千，乃五百年来第一人也！"
四川博物院对大千先生画作的收藏，也堪称富甲一方，尤其是临摹敦煌壁画。随着您眼波的流动，那一幅幅金碧巨制，一层层清逸笔墨，一枚枚玲珑玉印，一段段过往旧事将牵引您走进一个非凡的大千世界。

사천박물원과 장대천 예술관

이다. 미술사학자 이태호 교수[66](명지대학교 미술사학과 초빙교수)는

"이곳을 찾았을 때 장대천 노년의 신선 같은 삶을 떠오르게 했다. 긴 수염의 긴 지팡이를 멘 도인이 거닐던 흔적들이 가득했다. 마치 화려한 채색이 선명한, 장대천 후기의 회화 세계 같은 풍광이었다."

고 술회하였다. 이 교수는 "장대천 기념관 매구(梅丘) 정원과 고궁박물원의 지선원(至善園)에 피고 지는 매화꽃과 향기에 젖어 스케치에 빠져들었다."한다. 이때 그린

66) 윤용이 · 유홍준 교수와 더불어 명지대 미술사학과 3총사로 꼽히는 이태호교수와 필자는 잘 알지 못한다. 그러나 앞의 두 분은 필자와 함께 책을 낸 바 있으며, 전 문화재청장 유교수는 필자가 20여 년간 근무하였던 영남대학교박물관에서 함께 일한 적이 있다.

대만 고궁박물원 앞 지선원과 매화

그림들은 2018년 2월 7일 안암동 '갤러리 봄'에서 '이태호 교수의 답사그림전'에서 소개되었다[67]. 박물관 입구 지선원은 2019년 1월과 2월 두 차례 입장하여 매화를 보았지만 장대천 기념미술관은 들어갈 수가 없었다. 미술관 입구까지 찾아갔으나 박물관에 미리 예약을 해야만 입장 가능하여 들어갈 수가 없었다.

나. 이원(怡園), 그 속의 매원(梅園)

2015년 1월 13일.

아침 일찍 태호석으로 유명한 태호라는 호숫가에 있는 범벽촌을 둘러보았고, 세계문화유산으로 지정된 소주의 전통 정원 중 한 곳인 망사원까지 꼼꼼히 돌아보았는데도 3시도 되지 않았다.

지도상으로 볼 때 별로 멀지 않은 곳에 있을 것 같은 소주의 전통정원 중 한 곳, '이원' 즉 '어우위앤[耦園]'을 더 가보기로 하였다. 택시를 잡지 못하여 걸어가기로 하였다. 쉬지 않고 걸었는데도 2시간 가까이 걸린 것 같다. 한겨울 빗속을 우산도 안 쓰고 걸어갔으니 일행들의 원망은 이루 말할 수가 없었다. 인력거라도 타고 가야 했는데, 너무 비싸게 불러 걸어서 찾아갔다. 근데 도착해 보니 어우위앤[耦園]이 아니라 이위앤[怡園]이었다. 크게 실망하였지만 다른 방도가 없었다.

인민로와 중앙대로가 교차하는 지점, 지하철 역 출입구 바로 앞에 이원(怡園)이 있었다. 주변은 지하차도 등 공사장으로 둘러싸여 입구를 찾기조차 힘들었다. 주소는 렌민루[人民路] 43호, 1963년 소주시문물보호단위(蘇州市文物保護單位), 1982년 강소성문물보호단위(江蘇省文物保護單位)로 지정된 곳이니 명소임에는 확실한 것 같아 입장을 하였다. 입구에 있는 휴게소를 비롯한 2층 건물의 각 방마다 카드 게임을 하는 노인들로 가득 차 있었다. 번화가와 가까이에 있고, 또 지하철 역 입구와 가까워서인지도 모르겠다. 아니면 65세 이상은 무료, 60세부터 64세까지는 반액(半額), 즉 15위안이라서인지 노인들 천국이었다.

67) 미술사가 화가 이태호 '대만 매화향에 매료' 두번째 개인전 2018.02.04. 뉴시스

怡園
人民路
1265
怡園

이곳은 본래 명대 상서(尙書)를 지낸 오관(吳寬)의 집 '복원(復園)'의 옛터였다. 청말(淸末) 동치(同治) 13년(1874) 고문빈(顧文彬 : 1811 ~ 1889)[68]이 취득한 뒤 7년에 걸쳐 당시 은(銀) 20만 량을 들여 정원을 만들었다고 한다. 고문빈의 손자 고학일[69]은 위안허[元和] 즉, 지금의 장쑤성[江蘇省] 쑤저우[蘇州] 사람으로, 자는 울여(蔚如), 호는 자산(子山), 만호(晩號)는 간암(艮菴)이다. 1841년(道光 21) 진사에 급제하여 형부주사(刑部主事)가 되었고, 1857년(咸豊 7) 무창염법도(武昌鹽法道) 등을 거쳐 1870년(同治 9) 절강녕조태도(浙江寧詔台道)까지 올랐다. 그는 매우 박학하고 서예에 뛰어났으며, 특히 의성(倚聲)에 재능이 있었다고 한다.

68) 고문빈의 저작으로 『미록루사(眉淥樓詞)』, 『과운루서화기(過雲樓書畵記)』, 『과운루첩(過雲樓帖)』 등이 있다. 서울대학교 규장각에 그의 저서 『가자이재시첩(可自怡齋試帖)』이 있다. 유월(俞樾)이 쓴 1874년(同治 13) 서문에 따르면, 원래 주석이 없는 상태로 통용되던 것을, 나중에 저자가 자신의 친구인 허영숙(許穎叔), 석숙평(石叔平), 심인재(沈紉齋)등과 함께 주석을 붙이고, 저자의 손자인 고린초(顧麟軺)가 교정하여 간행한 것이라고 했다.

69) 청말 근대화가로 유명한 화가로 많은 작품이 전한다.

고학일

공자(孔子)의 말씀 중 '붕우절절 형제이이(朋友切切 兄弟怡怡)'에서 이원(怡園)이라는 이름을 가져왔다고 한다. '친구를 사귐에는 간절한 마음으로 자상하게 서로 권하고 격려하여야 하며, 형제는 서로 화목하고 기쁨이 있어야 한다.'는 뜻이다.

이원의 설계는 고문빈의 셋째 아들 고승주(顧承主) 주도 하에 화가 임탁장(任卓長), 고운(顧芸), 왕운(王雲), 범인천(範印泉), 정정로(程庭鷺) 등에 의해 이뤄졌다.

이원은 소주에서는 가장 최근에 만들어졌지만 소주에서 가장 빼어난 정원 중의 하나로 꼽힌다. 기존 소주의 정원 중 가장 좋은 점만 골라 모방하였다. 동서로 긴 부지였기에 경계를 따라 복랑(複廊)을 설치하였다. 창랑정을 모방하여 만든 복랑은 지붕이 딸린 복도 형태로, 벽이 없고 기둥과 지붕에 의해 비를 피하면서 정원을 돌아다닐 수 있게 만든 건축물이다. 이곳에는 역대 서화가 왕희지(王羲之), 회소(懷素), 미불(米芾) 등의 글 95수를 새겨 두었는데, 이를 일러 '이원법첩(怡園法帖)' 이라 부른다. 이 중에는 중국 서법사에서 가장 위대한 서예가로 손꼽히며 '서성(書聖)'이라는 칭호를 받는 왕희지(321~379년 또는 303~361년)의 '난정집서(蘭亭集序)' 등 진귀한 글씨들이 많이 포함되어 있다.

중앙부에 망사원(網師園)처럼 연못으로 만들었고, 서쪽에 정원을 넓게 만들었다. 환수산장(環秀山莊)처럼 돌로 석가산을 쌓았는데, 주변의 폐허가 된 고택 정원에서 태호석 등을 구입·사용했다고 한다. 불계주(不繫舟)는 졸정원(拙政園)을 참고하였다. 비록 다른 정원들을 모방하였지만, 이들을 조화롭게 연출하여 이원 나름대로의 독특한 경관을 만들어 두었다. 면적이 0.6ha로 얼마 되지 않지만, 아기자기하게 조성한 것이 볼 만한 곳이다.

소주의 예술가들이 즐겨 찾는 명소가 되었다. 1895년 고문빈의 손자이자 고승지의 아들인 고학일(顧鶴逸)이 이곳에서 '이원화집(怡園畫集)'이라는 모임을 만들었다. 오대정(吳大征), 육렴부(陸廉夫), 정문작(鄭文焯), 오창석(吳昌碩) 등 13인이 모여 매달 금석학, 서지학, 서화 감정 및 감상 등 함께 연구하는 모임을 가진 곳이다.

1919년 추석 이곳에서 거문고 연주회가 열린 이후 이원은 중국 각지에 있는 거문고 연주가들의 모임 장소가 된다. 많은 연주회가 열렸고 그 모습은 이자소(李子昭)의 「이원금회도(怡園琴會圖)」, 오창석(吳昌碩)의 「이원금회기(怡園琴會記)」, 고인사(顧麟士)의 「이원금회도(怡園琴會圖)」 등의 작품에도 나타난다. 이처럼 중국 근대 금학사(琴學史)에 매우 중요한 '이원금회(怡園琴會)', '금우금사(今虞琴社)' 탄생의 밑거름이 되었던 곳이었다. 고학일이 병으로 죽은 뒤 이원은 쇄락의 길을 걸었고, 1949년 9월 군대 주둔지가 되었다. 1953년 12월 고학일의 아들 고공석(顧公碩) 등이 국가에 헌납하였고, 시 정부에서 이곳을 보수하여 개방한 것이다.

서쪽으로 들어가면 처음 나타나는 건물이 '시팅친시[석탕금실(石聽琴室)]'이다. 이 건물은 동쪽과 서쪽으로 분리시켜 동쪽을 따로 '포시안친구안[坡仙琴館]'이라 부른다. 이곳에는 소동파, 즉 소식(蘇軾 : 1037 ~ 1101)초상화가 걸려있는데, 송나라 때 소동파가 사용하였던 거문고인 '옥간류천금(玉澗流泉琴)'을 소장하였다고 한다. 서쪽 석청금실은 고문빈이 옹방강(翁方綱)의 글씨 '石聽琴室'이라는 오래된 액자를 구하고 각해 현판을 걸면서 생긴 이름이라 한다.

'시팅친시'에서 '바이쉬센[배석헌(拜石軒)]'을 지나면 '난슈에팅[남설정(南雪亭)]'이라는 조그만 정자가 나온다. 그 옆 건물이 '우상세[藕香榭]'인데 이원의 중심 건물이다. 우상세라는 건물 이름은 주오쩡위안[졸정원(拙政園)]이나 상해 따관위엔[대관원(大觀園)]에도 있는 귀에 익은 이름이다. 쿤밍후[곤명호(昆明湖)] 호반에 위치한 삼합원(三合院) 형태의 건물로 이허위엔[이화원(頤和園)]의 정전인 위란탕[옥란당(玉瀾堂)] 좌우 건물 중 하나도 우상세이다.

'우상세'에서 '비우시풍구완[벽오서봉관]碧梧棲鳳館)]'을 거쳐 '화방재(畫舫齋)'와 '면벽정(面壁亭)'을 지나고 '소창랑(小滄浪)'이 있는 언덕으로 올라가면 돌로 된 병풍이 하나 서 있다. 세 개의 돌을 세워 병풍을 만들고 그중 왼쪽에 있는 돌에 '병풍삼첩(屛風三疊)'이라는 글자를 새겨 놓았다. 여기에는 정원을 만든 고문빈(顧文彬)이 남긴 시가 전한다.

濯足滄浪水	탁족창랑수	달밤에 창랑정에 앉아 발에 물 담그고 세월의 시름을 씻노라면,
空亭發浩歌	공정발호가	공중 높이 솟은 정자에서는 이름 모를 노랫가락만 들리고,
屛風三疊翠	병풍삼첩취	바람을 막아주는 돌 병풍 사이로
縴月掛藤羅	견월괘등라	구름 가듯 지나가는 달만 보이누나

이원의 주청(主廳)인 '우상세[藕香榭]'는 '연뿌리 향기가 나는 정자'라는 뜻으로 아

래와 같이 두보의 시구에서 따온 말이다.

棟樹空雲色 색수공운색　　색나무는 찬 구름 빛이고,
茵陳春藕香 인진춘우향　　인진쑥의 향기는 봄철 연뿌리 같다.

내부 장식이 세밀하게 이루어진 건물이었지만 일제강점기에 많이 훼손되었다고 한다. 청 내부는 한 건물에 두 개의 별도 건물이 있는 원앙청(鴛鴦廳)식으로 만든 것이다. 연못 쪽은 '우향사'라 부르는데, 평대(平臺)에서 여름철 연꽃과 물고기를 감상을 할 수 있어 '하화청(荷花廳)'이라고도 한다. 반대쪽은 '서월헌(鋤月軒)'이라 불린다. 남쪽에 높이가 서로 다르게 호석화대(湖石花臺)를 쌓고, 그 위에 모란 · 작약 등을 심어 감상하도록 만들었다.

서월헌(鋤月軒)은 원(元)나라 때 시인 살도랄(薩都剌/薩天錫)의 아래 시구에서 비롯되었다고 한다.

今日歸來如昨夢 금일귀래여작몽　　오늘 돌아오니 어젯밤 꿈같아
自鋤明月種梅花 자서명월종매화　　달 밝은 밤 손수 땅 일궈 매화를 심는다네

살도랄의 시는 명대 문인 탁경(卓敬)의 「고산종매(孤山種梅)」에서 비롯되었으리라.

風流東閣題詩客 풍류동각제시객　　운치 흐르는 동쪽 누각에서 길손이 시를 지으니
瀟灑西湖處士家 소쇄서호처사가　　맑고 깨끗한 서호 처사 임포의 집이라
雪冷江深無夢到 설랭강심무몽도　　눈은 차고 강은 깊어 꿈에도 이르지 못해
自鋤明月種梅花 자서명월종매화　　달 밝은 밤 손수 땅 일궈 매화를 심는다네

그런데 이 시 역시 도연명(陶淵明)의 「귀원전거(歸園田居)」에서 시의(詩意)를 얻었을 것으로 보인다.

種豆南山下 종두남산하　　앞 남산 아래 콩을 두루 심었더니
草盛豆苗稀 초성두묘희　　풀만 무성하고 콩 싹은 드문드문
晨興理荒穢 신흥리황예　　새벽에 일어나 잡초 풀 김매다가
帶月荷鋤歸 대월하서귀　　어느덧 달이 떠 괭이 메고 돌아오네

여하튼 매화를 읊을 때마다 '자서명월종매화(自鋤明月種梅花)'는 시제(詩題)가 되었고, 화제(畵題)가 되었다.

'서월헌' 남쪽에는 100그루의 매화가 있다. '서월헌'을 이곳에는 '매화청(梅花廳)'이라 부르기도 하였는데 '매화청'이라는 현판이 걸려 있다. 그 밑에는 '이원기'가 적혀있다. 실수로 찾은 이곳이지만 탐매객인 나에게는 세계유산으로 지정된 '소주의 원림'보다 더 뜻 깊은 답사가 되었다. '인간만사 새옹지마'라더니….

부 록

부록1_ 상하이의 유명 탐매처

부록2_ 저장성의 유명 탐매처

부록3_ 장쑤성의 유명 탐매처

부록1_ 상하이의 유명 탐매처

꼭 가볼 곳
가보면 참고될 곳
안 권하고 싶은 곳
모르겠음
가지말아야 할 곳 표시함

순번	매원 이름	주소 (한글. 번체. 간체)	연혁. 면적. 특징. 홈페이지. 매화 종류 및 수량. 입장료.
1	예원 豫園 豫园 Yùyuán	황포구 안인가 黃浦區 安仁街 黄浦区 安仁街 huángpǔ qū ānrén jiē	명대(明代)인 1559년 사천 포정사 반윤단 개인원림. 당시 70여무(14,000여평). 1760년까지 방치. 1842년 아편전쟁 때 영국군 점령. 태평천국의 란 때 황군 점령. 1942년 일본군에 심하게 손상. 1956년 상하이 시정부 보수 시작. 1961년 개방. 상하이 5대 고전원림. 2만㎡. 10호선 예원역. 1796년부터 1820년까지 예원꽃전시회. 국화위주. 난초, 매화전도 개최. 1988년 재개. 원내 매화는 조금. 매화분경전 매년 정월개최. 성수기 40元 비성수기30元
2	상하이식물원 上海植物園 上海植物园 shànghǎi zhíwùyuán	서회구 용오로 徐匯區 龍吳路 徐汇区 龙吴路1111 xúhuì qū lóng wú lù http://www.shbg.org/	중국 최대 식물원, 면적 818,600㎡. 수집, 관상, 보급 및 연구, 생산, 보호 등 다목적 기능. 분경원, 모란원, 세화원, 장미원, 축수원, 송백원, 초약원, 죽원, 란실 등 17개 정원구。분경원(40,000㎡)에는 분경 정품 2,000여분. 세계 최대. 11,150㎡ 난실에는 하란, 추란, 한란, 보세란 등 300여종, 3호선 석룡로 역남광장 출구에서 도보 8분. 버스 720; 824 왠난얼춘[园南二村]역 하차 서쪽 200미터 30여종 300여그루. 15元(매원), 40元(전부)
3	계림공원 桂林公園 桂林公园 Guìlín gōngyuán	서회구 계림로 徐匯區桂林路128號 徐汇区桂林路128号 xúhuì qū guìlín lù 128 hào 021-64360042	면적 35,500㎡, 1929년 350만 은위안(银元) 투자 1932년 준공。상해흑사회(上海黑社会) 두목 황금영(黄金荣 : 1868~1953)개인별장, 별칭 황가화원(黄家花园)。1957년 상해시로 이관. 이 때 전면 보수하면서 계수나무를 많이 심어 계림공원이라 함. 1958년대외개방. 1985년 동쪽 확장 후 1988년10월 대외개방。계화(桂花)가 유명한 공원이지만 이곳의 매화도 계화 못지않게 빼어나다. 엄동설한 속에서도 공원 곳곳에 매화가 향기를 내뿜고 있다. 경점 송월정(松月亭), 팔선태(八仙台), 선야방(船若舫) 지철12호선 계림공원역. 지하철 15호선 건설 중, 07:00 - 19:00 입장료 없음.(매년9월 계화절기간 2元)

4	중산공원 中山公園 中山公园 zhōngshān gōngyuán	장녕구장녕로780호 長寧區長寧路780號 长宁路780号(近定西路)Zhǎngníng qū zhǎngníng lù 780 hào(jìn dìngxī lù)	쑨원(손문;孫文)을 기념 불리는 공원. 중국, 타이완 등 중국어권 국가에 많아 있다. 1914년 영국인 자오펑(Zhaofeng)이 설립. 당시 상하이에서 가장 유명한 공원. 영국의 자연 정원 스타일이 지배적이며 중국 정원과 조화를 이룬다. 1956년 모란원(牡丹园), 매원(梅园), 복사원(桃园), 계화숲(桂花林), 납매숲(腊梅林) 종려숲(棕榈林) 등 계절별 정원을 조성. 상해식물원 설립 전 상해의 중심적 식물 표본 정원이었다. 은문첩취(銀門疊翠) 등12경점이 유명. 약 20만㎡. 지하철 2,3,4호선이 맞물려있다. 05:00~19:00(여름철) 06:00~18:00(나머지) 입장료없음.
5	정안조소공원 靜安彫塑公園 静安彫塑公园 jìng'ān diāosù gōngyuán	정안구 석문이로 靜安區 石門二路 静安区 石门二路 128 Jìng'ān qū shímén èr lù 128	면적 3.36만㎡. 매화는 적지만, 우수한 레이아웃과 시내 중심에 위치. 사진 애호가들이 즐겨 찾음. 주요볼거리 매원경구(梅園景區), 장랑남광장(長廊南廣場), 수진화대구(樹陣花帶區)가 있다. 매원경구는 전통 조경의 이념에 현대원림의 표현수법으로 만든 1만㎡의 내원(內園). 송백인의 『매화희신보(梅花喜神譜)』전부 전시. 12호선 남경서로(南京西路)역. 또는 13호선 자연박물관역.. 입장료없음.
6	대령영석공원 大寧靈石公園 大宁一石公园 Dà níng líng shí gōngyuán	정안구 광중서로 靜安區 廣中西路 静安区 广中西路 288号 Jìng'ān qū guǎng zhōngxī lù. http://www.dnlspark.com/	2002년5월1일 개원. 18억 위안 투자. 1980년대 계획. 대녕공원(大寧公園)과 광중공원(廣中公園)을 합병. 약 680,000㎡. 동 · 서 · 남 · 북(정문) 4개의 문이 있다. 흰모래사장(白沙灘) 봉래3섬(蓬萊三島) 로마광장(羅馬廣場) 유럽식산책로(歐式長廊) 선화분수(善和噴泉) 늪지(濕地沼澤) 등의 경점. 매화는 주로 북문과 서문쪽에 많으며 홍매, 백매 등. 난궈펑징(南国风光) 풍경구 내에서 는 희귀한 녹색매화(녹악매?). 1월 말 납매가 피고, 2월부터 매화들이 필 듯. 지하철1호선 마희성(馬戲城)역 3호구. 4월 ~ 6월 - 05시 ~ 18시. 7월 ~ 9월 - 05시 ~ 19시. 10월 ~ 3월 - 06시 ~ 18시. 매일 8시까지 무료. http://www.dnlspark.com/

7	매천공원 梅川公園 梅川公园 méichuān gōngyuán	보타구 무녕로 普陀區 武寧路 普陀区 武宁路 2361 Pǔtuó qū wǔ níng lù	735만위안 투자. 1999년 12월 정식개방. 중심광장은 매화전 주경구(梅花展 主景區). 촬영장소로 유명. 매화전(2월 15일~3월10일) 중 종이공예(전지剪紙), 서예 등 실연. 화매(花梅), 백견매(白絹梅), 진주매(珍珠梅), 수지매(垂枝梅) 다매(茶梅), 유엽매(榆葉梅), 양매(楊梅), 금루매(金縷梅) 주사매(硃砂梅), 궁분매(宮粉梅), 녹악매(綠萼梅) 등 10여개 품종. 300여주. 분재전시구(盆景展示区) 30여 분재 전시. 입장료없음.
8	진여공원 真如公園 真如公园 zhēnrú gōngyuán	보타구 대도하로 普陀區 大渡河路 普陀区 大渡河路1894 Pǔtuó qū dà dùhé lù	면적 25,000㎡ 2007년 보타구녹화관리국에서 대도하로 주변에 만든 소공원. 수목 반 이상이 매화인 매화테마공원. 50여종의 납매(臘梅)를 중점적으로 심었다. 11호선 진여역 하차. 입장료없음.
9	노신공원 魯迅公園 鲁迅公园 Lǔxùn gōngyuán	홍구구 사천북로 虹口區 四川北路 甜爱支路 虹口区 四川北路 甜爱支路 hóngkǒu qū sìchuān běi lù tián ài zhī lù 280	과거 홍커우 공원(虹口公园). 영국 원예가 설계 서양식 정원. 1932년 윤봉길의사 폭탄 투척 장소. 1927년 루쉰이 홍구공원 옆 대륙신촌 거주, 생전 즐겨 산책하였다하여 1956년 루쉰 관이 이장되고, 루쉰 기념관이 만들어짐. 오래되어 영국식 정원 흔적이 약간 남아있고, 중국 정원풍으로 변모. 공원 내 홍커우 경기장 등의 구기장이 건설. 이곳 매헌 윤봉길기념관이 매원(梅園). 3호선과 8호선 홍구축구장역(虹口足球場). 도보 2분. 버스 18, 21, 52, 139, 939번 탑승 노신공원 하차. 공원 입장료없음., 기념관 15元.
10	곡양공원 曲陽公園 曲阳公园 Qūyáng gōngyuán	홍구구 중산북일로 880 虹口區 中山北一路 880號 虹口区880号 Hóngkǒu qū 880 hào	스포츠공원. 매화 명소 2호문의 백매(白梅)와 미인매(美人梅), 낭교(廊橋) 호반, 군방응췌경구(群芳凝萃景區)에는 납매(腊梅)와 송홍매(松红梅)라 불리우는 호주매화. 경호관상구(鏡湖觀賞區). 루신공원에서 1.9km 걸어서24분, 택시로 9분 2.2km. 지하철 8호선 곡양로(曲阳路)역에서 1.7km 택시로 6분. 11월~3월 6시~20시. 4월 5시~20시. 5월 ~10월 5시~21시. 입장료없음.

11	공청삼림공원 共青森林公園 共青森林公园 Gòng qīng sēnlín gōngyuán	양포구 군공로 楊浦區 軍工路 杨浦区 军工路 2000号 yángpǔ qū jūngōng lù 2000 http://www.shgqsl.com	동쪽 황포강(黄浦江)과 접. 원 이름은 1986년까지 공청묘포(共青苗圃). 2006년 1월 국가임업국 정식비준 국가급삼림공원이 됨. 총면적 1965亩(131만㎡) 200여종 30여 만주. 남북 두 개의 공원. 북원(1631亩) 공청삼림공원, 남원(239.6亩) 만죽원(竹园). 고목화원(枯木花園), 창의화원(創意花園), 수상화경(水上花景), 화예관花藝館) 4개 주제. 매화들은 화예관(花藝館) 분경원에 주로. 지철8호선 상은로(翔殷路)역 2호 출구에서 공교102로. 지철4호선 해륜로(海伦路)에서 공교147로. 지철8호선 황흥공원(黄兴公园)에서 147로. 6:00-19:30(西门) 성인 15元.
12	세기공원 世紀公園 世纪公园 shìjì gōngyuán	포동신구 금수로 浦東新區 錦繡路 浦东新区 锦绣路 1001 Pǔdōng xīnqū jǐnxiù lù 1001	140.3hm², 투자 10억위안. 영국의 LUC사무소 설계. 자연과 인간의 융합을 모태로 호수, 꽃으로 둘러싸인 대형 시계, 분재원, 음악광장, 유람선 등 각종 편의시설과 자연학습장을 갖춤. 2호선, 세기공원역 1,4번 출구 도보 3분. 상하이 최대(7만㎡) 매원. 매원 4대경구-곤유매화분재(篦榆梅花盆栽), 매화접영(梅花蝶影), 상해리(上海里), 매소경(梅小景)-가 있음. 고매(古梅)만 100여 그루, 500여 그루 분재, 1만 그루 매화, 납매 500주. 매화전시회(梅花観賞遊園会;2월 1일~3월 21일) 동안 촬영대회, 차이떵미(猜灯谜) 등 다양한 행사. 20元.
13	빈강삼림공원 濱江森林公園 滨江森林公园 Bīnjiāng sēnlín gōngyuán	포동신구 고교진 능교고사탄3号 浦東新區高橋鎮凌橋高沙灘3號 浦东新区高桥镇凌桥高沙滩 Pǔdōng xīnqū gāoqiáo zhèn líng qiáo gāo shātān 3 hào 021-58644791	2007년 3월 28일 1단계 120헥타르 개원(총면적은 300헥타르, 907,500평)。황포강(黄浦江) 장강(長)이 만나 동해(東海)에 합류하는 곳. 푸둥 고교진(高橋鎮) 북서쪽 끝 오송구(吴淞口)에 위치, 반대편 포대만 습지 산림 공원과 강을 사이에 두고 있다. 나무가 우거져 있고, 꽃피는 계절에는 다양한 꽃식물을 볼 수 있다. 황포강과 양쯔강의 병류지로 강가에서 멀리 배를 바라보거나 아름다운 석양을 감상할 수 있다. 습생식물관상원(濕生植物觀賞園), 생태보호구(生態保護區), 빈강해안선관상구(濱江岸線觀賞區), 두견원관상구(杜鵑園觀賞區) 등이 있음. 매화는 습생식물관상원에 주로.. ①성인20元 ②6세~18세 10元 ③키 130mm이하 소년 성인과 함께 입장시 무료 ④60세~64세 20%할인 ⑤ 65세이상 등 무료 찾아가기 : ①지하철6호선 종점 항성로(港城路)역에서 버스로 외고교(外高橋)1로버스 ② 항성로(港城路)역에서 버스 508번 타고 호당교(護塘橋)에 내려 외고교1로 버스 갈아탐. 08:00—17:00

14	매원공원 梅園公園 梅园公园 Méiyuán gōngyuán	포동신구 유산로 浦東新區 乳山路180號 浦东新区 乳山路180号 Pǔdōng xīnqū rǔ shānlù 180 hào	17,567㎡. 1987년 9월 개방. 2009년 대규모 보수. 주택가 소규모 매화 중심의 강남고전정원. 전통적인 안뜰과 현대 정원의 디자인 컨셉 채택. 경향루(京香樓), 교춘정(翹春亭), 서설원조벽(棲雪園照壁), 소영원경장(疏影院景牆), 상매경(賞梅徑), 취현원화분대(聚賢苑花架), 연지(漣池) 등 10여개의 경구가 있음. 용유매(龍游梅), 수지매(垂枝梅), 직지매(直枝梅) 등 매화와 나한송(羅漢松), 대나무(竹) 등을 심어「세한삼우(歲寒三友) 연출. 지하철 원심로(源深路)에서 유산로(乳山路) 방면, 포동대도(浦东大道)에서 동방로(东方路) 방면 15분 1km. 걷기. 입장료없음
15	신장공원 莘莊公園 莘庄公园 Shēnzhuāng gōngyuán	민행구 신장진 신빈로 閔行區 莘庄鎮 莘浜路 闵行区莘庄镇莘浜路 421 mǐnxíng qū shēnzhuāng zhèn shēn bānglù 421	1930년 7.3만m² 신야매원(莘野梅園)출발. 별명 양가화원(楊家花園)·신매공원(莘梅公園). 현 3.8만㎡. 무료 입장. 매원은 1.2만㎡. 30여종 400여주와 분매 400여분. 최적 매화관상지. 진귀한 품종 –쑤앙삐추이즈뤼메이(双碧垂枝绿梅), 수바이타이거(素白台阁). 동쪽 매원 약1600㎡. 춘매 15종 120여 주, 녹악매(綠萼梅), 궁분매(宮粉梅), 주사매(朱砂梅), 강매(江梅), 옥접(玉蝶), 소백태각(素白台閣). 5호선 춘신로(春申路) 역에서 걸어서 21분. 입장료없음.
16	신장매원 莘莊梅園 莘庄梅园 Shēnzhuāng yuán	민행구 신장진 홍신로 閔行區 莘莊鎮 虹莘路 闵行区 莘庄镇 虹莘路 688号 Mǐnxíng qū shēnzhuāng zhèn hóng shēn lù 688 hào 021-5446566	2015년 12월 준공. 면적 117.000㎡(35,392.5평) 소영호(疏影湖, 매선도(梅仙島), 암향정(暗香亭), 매화재배원(梅花栽培園), 매원(梅苑), 우수화원실험구(雨水花園實驗區) 等 매화감상적기 : 2월중순~3월상순. 매화 분재 제일 많은 공원, 300여분。4830株의 각종매화. 주사매(朱砂梅) 243주, 녹악매(绿萼梅) 19주, 궁분매(宫粉梅) 43주, 강매(江梅) 59주 등, 11대 품종군, 지철1호선, 신장역에서 내려 버스 민항25로(闵行25路) 타고 신길로신주로역(莘吉路莘朱路站), 민항12로(闵行12路) 타고 신주로신길로역(莘朱路莘吉路站).4/1-6/30, 5시~18시, 7/1~9/30 : 5시~19시 10/1~3/31 : 6시~18시. 입장료없음.
17	고촌공원 顧村公園 顾村公园 Gù cūn gōngyuán	보산구 고촌진 호태로 寶山區 顧村鎮 滬太路 宝山区顾村镇沪太路4788号 bǎoshān qū gù cūnzhèn hù tài lù http://www.gucunpark.net,	서울 뉴타운 비슷한 신청[新城] 10곳 중 하나인 바오산신청[寶山新城]. 2007년 450 헥타르 대형 도시 삼림공원 조성. 휴식건강, 문화오락, 여행휴가 등 기능을 갖춤. "일축(一轴), 일대(一带), 삼구(三區), 7원(七園)". 100여 미터의 생태보호림으로 싸여있고, 동·남·북 3개 입구별 종합서비스지역. 삼림도보가든, 삼림운동가든, 삼림바비큐가든, 식물감상가든 등 7원을 만듬. 봄 벚꽃, 여름 연꽃, 가을 계화꽃, 겨울 매화 등 꽃 감상지로 유명. 특히 벚꽃이 아름답다. 12월에는 납매, 정월에는 매화향이 가득하다. 지하철 7호선 고촌공원역 바로 앞 문이 있으나 입장 불가. 20분 정도 걸어서 2호문에서 입장. 20元.

18	고의원 古猗園 古猗园 gŭ yī yuán	가정구 남상진 호의로 嘉定區 南翔鎮 滬宜路 嘉定区 南翔镇 沪宜路 218 Jiādìng qū nán xiáng zhèn hù yi lù 218	450년 전 명대(明代) 조성 상하이 최고(最古) 정원. 5대 고전원림. 면적 100,000㎡. 1789년 매화청 건립. 매화 100주 이상. 대부분 70년대 심음. 죽림, 석가산, 연못 등 배치. 4개 경구 – 의원(猗园), 화향선원(花香仙苑), 곡계학영(曲溪鹤影), 유황연월(幽篁烟月) 11호선 남상역(南翔駅) 도보15분. 12元. 7시–18시(10월1일–6월30일, 나머지는 30분 연장) http://www.guyigarden.com/
19	추하포 츄우샤푸 秋霞圃 qiu xia pu	가정구 성향진 동대가 嘉定區 城鄉鎮 東大街 嘉定区 城乡镇 东大街314호 쟈딩취 청샹쩐 둥따제 Jiādìng qū chéng xiāngzhèn dōng dàjiē	면적 31,500㎡. 공씨(龔氏)·김씨(金氏)·심씨(沈氏) 등 3개 성씨의 개인 정원과 읍묘(邑廟)를 합병한 것' 일부 송나라 때 축조된 것을 제외하고는 대부분 명나라 때 유물. 버스 : 자딩[嘉定] 1·4·10·12路 자타이시안[嘉泰线], 자탕후아지시엔[嘉唐华支线]의 자딩중이이왠[嘉定中医医院]역 하차 남쪽 200미터. 상하이쟈딩박물관[上海嘉定博物館]뒤편. 021-59531949. 10위엔
20	화개해상생태원 주경매원 花開海上生態園 朱涇梅園 花开海上生态园 朱泾梅园 Huā kāi hǎishàng shēngtài yuán zhū jīng méiyuán	금산구 주경진 대경촌 수경 金山區朱涇鎮待涇村秀涇 金山区朱泾镇待泾村秀泾 6060 Jīnshān qū zhū jīng zhèn dài jīng cūn xiù jīng 6060 hào	20만㎡(6만5백평, 300亩) 메이시샹링[梅溪香岭], 메이잉취징[梅影曲經], 메이궁탄메이[梅宫探梅] 3개 서로 다른 특색 작은 매화원들로 구성. 높은 곳에서 매화 감상할 수 있는 곳 10군데(如疏影坡, 凝香台, 烟雨亭, 薄雪亭, 薄寒亭 等). 특색있는 작은 다리와 우불구불 뻗어있는 길 따라 천천히 거닐며 매화 감상. 30,000여주 중 매원 핵심구에 정품매수 5000여주, 품종 60여개. 함개궁분(涵盖宫粉), 주사(朱砂), 녹악(绿萼), 강매(江梅), 용유(龙游), 수지(垂枝), 행매(杏梅), 미인매(美人梅) 등 8종류, 일찍(早), 보통(中), 늦게(晚) 피는 종류가 있다. 흰색, 분홍색, 붉은색 꽃을 피운다. 매화축제기간인 2월 8일부터 3월까지는 우성루 박물관(武胜路博物馆) 동쪽 주차장 출발 버스 구쩐[古镇] 방문. 춘절기간인 2월 4일~10일. 매화축제 3월 31일까지. 성인30元, 노인학생20元
21	회췌원 薈萃園 荟萃园 Huìcuì yuán	금산구 대제로 金山區大堤路208號 金山区大堤路208号 Jīnshān qū dàdī lù 208 hào	정·대·누각(亭·台·楼阁)을 모두 갖춘 강남원림 재현. 북서쪽 매화산이 붉게 물들면 떨어지는 꽃잎이 길에 깔려 보기에 좋다. 시메이시안[石梅線], 리안웨이시안[蓮衛線], 진샨티에루[金山鐵路·22號線]에서 진샨1루 2루 (金山1路或2路) 갈아탐. 6:00~17:00. 입장료없음.

22	진산식물원 辰山植物園 辰山植物园 chén shān zhíwùyuán	송강구 진화공로 松江區 辰花公路 松江区 辰花公路 3888 Sōngjiāng qū chén huā gōnglù 3888 http://www.csnbgsh.cn/	상하이시, 중국과학원, 국가임업국, 중국임업과학연구원이 합작 건설. 2011년 1월 23일 개원. 207헥타르. 상하이 2번째 큰 식물원. 전시센타(中心展示區), 식물보육구(植物保育區), 오대주식물구(五大洲植物區), 외각완충구(外围缓冲區) 등 4개 구역. 9호선 동징짠[洞泾站] 하차 후 역 앞 버스 송지앙19번[松江19路] 택시로는 8분. 매화원은 3,500㎡. 1호문 서북방. 춘경원구역(春景園區域), 아동식물원(兒童植物園), 광갱화원(礦坑花園), 월계원(月季園) 서남방 등에 분포. 20여종 70여주. 춘절(春節) '분피궁분(粉皮宮粉)', '삼륜옥접(三輪玉蝶)', '연구(蓮九)', '대율소매(大栗小梅)', '도적(稻積)'등이 핀다. 그 다음 '쌍벽수지(雙碧垂枝)', "변녹악9變綠萼)', '화농만분(華農晚粉)', 금전녹악(金錢綠萼)', '은홍(銀紅)', '잔설(殘雪)', '풍후(豐後)' 등이 핀다. 분매(盆梅)로는 천도궁분(淺桃宮粉), 비녹악(飛綠萼), 미인매(美人梅), 분홍주사(粉紅砵砂), 동방주사(東方砵砂), 한분수지매(漢粉垂枝) 등 130분. 60元..
23	취백지 醉白池 醉白池 zuì báichí	송강구 인민남로 松江區 人民南路 松江区 人民南路 Sōngjiāng qū rénmín nánlù	상하이 5대 고전원림. 50,000㎡. 송대(宋代) 송강진사(松江进士) 주지순(朱之纯) 개인정원. 청 순치7년(1650) 화가 고대신[顾大申] 직사각형의 연못(600㎡) 중심으로 불규칙 대칭법으로 주위 언덕을 만들고, 대나무, 매화, 석가산, 기암석[奇石]이 서로 어우러지도록 했다. 설해당(雪海堂), 사면청(四面廳), 지상초당(池上草堂), 교청(轎廳), 낙천헌(樂天軒) 등 건물. 곡랑정사[曲廊亭榭]가 매화 관상처로 유명. 9호선 취백시역 3번 출구 앞. 6:00 - 17:00. 12위안. http://www.shzuibaichi.com
24	곤수호공원 昆秀湖公園 昆秀湖公园 Kūn xiùhú gōngyuán (최근 없어짐)	송강구 문상로 松江區 文翔路 松江区 文翔路(东胜港路口) sōngjiāng qū wén xiáng lù (dōng shèng gǎng lùkǒu)	숭장신청 신개발지 대형 습지공원. 첸산지우엔[辰山植物園]이라는 대형식물원과는 4.6㎞ 택시로 10분 거리에 있다. 체리, 복숭아, 매화, 동백, 석류, 감 등의 과일 나무와 꽃들을 심었다. 매화원(梅花園), 계화원(桂花園), 수사해당원(垂絲海棠園), 도화원(桃花園), 벚꽃나무원(櫻花園), 월계원(月季園). 매화원 2,393주의 매화. 주요품종 - 주사매(朱砂梅), 녹악매(绿萼梅), 궁분매(宮粉梅), 행매(杏梅)와 앵리매(櫻李梅). 지하철 9호선, 쑹장신청 역[松江新城地铁站]에서 7.5km 택시로 18분. 송강20로(松江20路)버스 동승항로문상로(东胜港路文翔路)역. 도보 200m 입구가 있었으나 최근 이곳을 공단으로 조성하며 없애버렸다.
25	방탑원 方塔園 方塔园 Fāng tǎ yuán	송강구 중산동로 松江區 中山東路 松江区 中山东路2 sōngjiāng qū zhōng shāndōng lù 235	면적 115,000㎡(172.73畝). 송대방탑(宋代方塔) 또는 흥성교사탑(興聖教寺塔) 국가지정문화재 9층목탑. 지방지정문화재도 다수. 공원으로 조성. 탐매지로 유명. 매화 60여 그루 탑 동쪽 호숫가. 2월 중하순부터 3월까지 매화 만개. 9호선 취백지역에서 버스 송강(松江)26로를 타고 남로 중산동 하차. 12위안.

26	정산호대관원 淀山湖大觀園 淀山湖 大观园 Diànshān hú dàguānyuán	청포구 금상공로 青浦區 金商公路 青浦区 金商公路 qīngpǔ qū jīn shāng gōnglù 701 http://www.sh-daguanyuan.com	동서 폭 15㎞, 남북 길이 30㎞, 주위 약100㎞. 면적 9,500,000㎡인 정산호. 동서 2개 관광지. 동쪽 상하이민족문화촌[上海民族文化村], 매원[梅园]이다. 중간 칭상[青商]고속도로 지나간다. 서쪽《홍루몽[红楼梦]》등장 가공의 중국 정원. 저자 조설근(曹雪芹)의 의도에 따라 전통 원림 예술기법으로 한 대형 고대 건축물 - 난징의 귀공자 가보옥(賈宝玉) 집. 대관루(大观楼), 장엄한 체인목덕(体仁沐德), 화려한 이홍원(怡红院), 순수 소박한 도향촌(稻香村), 청아한 소상관(潇湘馆), 형천원(蘅芜院)-을 중심으로 조성. 매원 "매오춘농", 대관원 동북부 100ha에 5,000여 그루 매화로 조성. 상하이 최대 매화 감상처. 강남 4대 매림. 40여종 5천주. 백년이상 고매, 집녹악(集綠萼), 주사(硃砂), 골리홍(骨里紅) 등 진귀 명매. 매화보기 좋은곳-냉향정(冷香亭). 매촌. 380m 인공제방「류제춘효(柳堤春曉)」, 47m 7층탑. 석성고풍(石城古風), 오래된 은행「은홍태각(銀紅台閣)」. 60위안.
27	곡수원 曲水園 曲水园 Qū shuǐ yuán	청포구 중부공원로 青浦區 中部公園路12号 青浦区 中部公园路12号 Qīngpǔ qū gōngyuán lù 12 hào +86 21 5973 2996	상하이 5대 고전원림 중 하나. 면적 18,200㎡. 청 고종 때 1745년(乾隆十年) 건설. 칭푸청청황먀오[青浦城城隍廟]부속 원림으로 링위안[灵园, 영원]이라했다. 응화당(凝和堂) 중심으로 영신각[迎仙阁], 영희정(迎曦亭), 정심로(静心庐), 천고운영(天光云影), 황대비래(恍对飞来), 소호량(小濠梁), 파신정(坡仙亭), 화신사(花神祠), 석양홍반루(夕阳红半楼) 등 24개소가 있다. 청 인종 때인 1798년 곡수원으로 바뀌었다. 1927년 청포중산공원(青浦中山公园)이라 잠시 불린 적도 있었다. 1983~1986년 크게 복원 · 수리. 홍매(紅梅), 백매(白梅), 용유매(龍游梅), 소녹악(小綠萼) 등 매화 51주. 지하철 17호선 정산호대도(淀山湖大道)역에서 택시 10분(3.5km), 5:00 - 18:00. 5위안.
28	동방녹주 東方綠舟 东方绿舟 Dōngfāng lǜ zhōu	청포구 호청평공로 青浦區 滬青平公路 青浦区 沪青平公路 qīngpǔ qū hù qīng píng gōnglù6888 +86 21 5923 3000 http://ogb.edu.sh.cn/	정산호반 5600무(113만평). 상하이시위원회와 시정부 청소년 국방교육 강화를 위해 15억 위안(2천5백억 원) 투자. 중국 최대 규모, 최다 투자 청소년 교외 수련지. 관광지, 휴양촌이 아우러진 종합 관광구역. "지식의 길(智慧大道區)", "용감과 지혜(勇敢智慧區)", "국방교육구(國防教育區)", "서바이벌(生存挑戰區)", "과학탐구(科學探索區)", "해상스포츠(水上運動區)", "생활실천구(生活實踐區)" 및 "스포츠훈련장(體育訓練區)" 등 8개 구역. 유람선, 자동차를 이용 탐매. 상하이 매화축제(2월 10일~3월15일) 개최지 4곳(大观园, 朱家角) 중 하나. 3천여주(100년 이상 매화 다수) 매화. 지하철 17호선 동방록주 역 바로 앞. 50위안. 8:30-16:30

29	상하이해만국가삼림공원上海海灣國家森林公園 上海海湾国家森林公园 shànghǎi hǎiwān guójiā sēnlín gōngyuán	봉현구 해만진 수당하로 奉賢區 海灣鎮 随塘河路 奉贤区 海湾镇 随塘河路 1677 Fèngxián qū hǎiwān zhèn suí táng hé lù 1677 86 21 5716 0468	1999년 설립, 봉현구(奉贤区) 54농장 내, 총부지 10.8㎢, 400여만 그루 수목. 3㎢만 개원, 수역 면적 850,000㎡. 놀이구역(遊樂活動區), 수상활동구역(水上活動區), 문화관상구(文化觀賞區) 3개구역. 2월 18일~3월 31일 매화축제. 약 1백3십만m^2에 120여 품종의 4만2000여 그루 이상 매화와 5000그루의 납매. 난징매화산(南京梅花山), 우시메이위안(无锡梅园), 우한모산메이위안(武汉磨山梅园) 및 항저우차오산메이위안(杭州超山梅园), 천산식물원(辰山植物园), 스지공원(世纪公园)을 포함 33개 업체가 참여. 중국 5대 고매(古梅) 이름 따 초매각(楚梅閣), 진매정(晉梅亭), 수매정(隋梅亭), 당매청(唐梅廳), 송매청(宋梅廳)이란 건축물이 있다. 그 외 탐향교(探香橋)와 오복잔(五福棧)도 유명. 상하이시 중심에서 60㎞ 떨어짐. 지하철 2호선 룽양루[龙阳路]역 2번 출구. 룽평호선(龙平芦线) 환승, 오사농장(五四农场) 하차 - 해만삼선(海湾三线)환승 -해만삼림(海湾森林)역 하차, 80위안. 8:30-16:30.
30	신성공원 新城公園 新城公园 Xīnchéng gōngyuán	崇明區崇明大道南170米 崇明区崇明大道(近江帆路) chóngmíng qū chóngmíng dàdào nán 170 mǐ (jìnjiāng fān lù)	숭명(崇明)뉴타운 핵심구에 위치. 숭밍 제일 큰 시민공원. 자연생태를 테마로 생태와 기술을 구현하는 "에너지 절약형 녹색 건물" 등. 24시간 개방. 지하철6호선 오주대도로(五洲大道路)에서 내려 신숭6호선(申崇6号线)버스 타고 남문버스주차장 하차. 택시로 4분(1.4km) 버스는 성교(城橋)1 · 2 · 3로 타고 신성공원참 하차, 24시간 개방. 입장료 없음.
31	보진시민공원 堡鎮市民公園 堡镇市民公园 bǎo zhèn shìmín gōngyuán	숭명구 보진 석도로 崇明區 堡鎮 石島路280號 崇明区堡镇石岛路280号 Chóngmíng qū bǎo zhèn shídǎo lù 280 hào	42,300㎡. 총투자 6500만위안. 대형시민공원. 지하철6호선 오주대도로(五洲大道路)에서 내려 신숭6호선(申崇6号线)타고 보진에 하차. 물복도(濱水走廊區), 경관분수(景觀噴泉區), 어린이놀이터(兒童遊戲區), 잔디밭(陽光草坪區) 그늘광장(林蔭廣場區) 24시간 개방. 입장료없음.
32	영주공원 瀛洲公園 瀛洲公园 Yíngzhōu gōngyuán	숭명구 성교진 오산로 崇明區 城橋鎮 鰲山路 崇明区城桥镇鳌山路679号 chóngmíng qū chéng qiáo zhèn áo shānlù 679 hào	1983년 조성, 1984년 영주공원이라 칭함, 면적 43,900㎡. 공원 중앙에 성호(星湖)라는 호수와 그 속에 성도(星岛)라는 섬이 있다. 119종 3938주의 나무. 1000㎡의 계화원(桂花园)이 있다. 주요경점으로 흑송산(黑松山), 창해정(滄海亭), 임파정(臨波亭), 관어승람(觀魚攬勝), 유향정(幽香亭), 파랑교(破浪橋), 대가산(大假山), 폭포(瀑布) 등. 1.지하철6호선 오주대도로(五洲大道路)에서 내려 신숭6호선(申崇6号线) 버스 갈아타고 남문버스주차장 하차. 이곳에서 택시로 3분(1.2km) 2. 지하철3호선(강양북로방향)단고서로(殷高西路) 하차, 310m걸어가면 고경묘(高境庙) 주차장. 952번 버스타고 보양부두(宝杨码头)에서 10m 남보선고속(南宝线高速) 남문부두(南门码头)에서 1.4km (3시간걸리나 경치가 좋다) 개방시간 5:30-17:00. 입장료없음.

33	고가장생태원 高家莊生態園 高家庄生态园 Gāo jiā zhuāng shēngtài yuán	숭명구 항서진 항동공로 崇明區 港西鎮 港東公路 崇明区 港西镇, 港东公路 chóngmíng qū gǎng xī zhèn, gǎng dōng gōnglù 999 hào	700,000㎡ 몽고포(蒙古包), 고호(高湖), 채적원(采摘园) 공작원(孔雀园) 유선부두(游船码头) 어린이놀이터(兒童樂園) 등 과일 채소 따기 정원(采摘园)에는 양매원(楊梅園), 비파원(枇杷園), 대추원(紅棗園), 자두원(李子園), 복숭아원(桃園), 딸기원(草莓園), 배나무원(梨園) 등. 8:00-17:00 지하철6호선 오주대도로(五洲大道路)에서 내려 신숭6호선(申崇6号线)버스 갈아타고 남문버스주차장 하차. 택시로 20분(10km) 평일 30위안, 절일(節日) 60위안.

부록2_ 저장성의 유명 탐매처

순번	매원 이름	주소 (한글, 번체, 간체)	연혁, 면적, 특징, 홈페이지, 매화 종류 및 수량, 입장료.
항주 杭州	①항주식물원/영봉(杭州植物園/灵峰)	서호구도원령1호 西湖区 桃源岭1号	1956년 설립 항주식물원. 총면적 86만평. 이 중 영봉탐매라 불리는 매원은 10만㎡ 45개 품종 5천여주. 10元 롱월루, 국월정, 요태, 운향정, 품매원, 수벽정 등
	②서계습지공원 (西溪湿地公园)	서호구 천목산로 西湖区 天目山路	19,600여주 매화. 곡수탐매(曲水探梅)라 부르는 매죽산장 주변에서 주로 재배. 매화숲은 2십만㎡, 6만평이 넘는다. 80元/人 "서계탐매"는 청대"서호십팔경"중 하나. 80元.
	③고산 방학정 (孤山 放鶴亭)	서호구 고산북록 西湖區 孤山北麓	높이 38m의 야트막한 야산(면적 6만평). "서호십팔경" 중 하나. 매림귀학(梅林歸鶴). 매처학자(梅妻鶴子)'임포(林逋, 967~1024)가 살던 곳. 세계문화유산. 입장료 없음.
	④욕곡만 (浴鹄湾)	삼태산로 욕곡만경구 三台山路 浴鹄湾景区	서호 양공제 서쪽 하나의 경구.
	⑤상호경구 (湘湖景區)	샤오산구 [蕭山区]	상호로(湘湖路) 월봉루(越鳳樓) 부근, 항주세외도원(世外桃源) 황관가일주점(皇冠假日酒店,Crown Plaza Hangzhou Xanadu Resort) 부근. 홍매, 백매 위주라 하나 거의 없음
	⑥길산매화 (吉山梅花)	샤오산구[蕭山区] 진화진(進化鎮)	1,000년 청매 심음. 1만여무(畝), 즉 2백만평에 이름.「미소적매자장원(微笑的梅子莊園)」에서 진화길산매화문화절(進化吉山梅花文化節) 행사를 매년 개최. 이외 강사공원(江寺公園), 남강공원(南江公園), 영흥공원(永興公園) 등 대규모 매원이 많다. 입장료 없음
	⑦초산(超山)	위항구 탕시진 [余杭区 塘栖镇]	6㎢, 180만평. 동원(東園), 남원 해운동(南園海雲洞), 북원(北園), 등산구역(登山區域) 4개 구역. 중국 5대 고매(古梅) 중 당매와 송매 두그루가 있다. 60위안
닝보	⑧구봉매산 (九峰梅山)	닝보시[寧波市] 베이룬[北侖]구	구봉산경구(九峰山景區)는 절강성 최대 면적, 품종도 1천개. 수만주를 재배.「십리매화향설해(十里梅花香雪海)」빼어난 경관. 입장료 : 30元/人
사오닝	⑨구리산 매화옥 (九里山 梅花屋)	사오닝[紹興]	원(元) 화가 시인이었던 왕면(王冕)이 은거하면서 매화 천 그루를 심고 매화옥(梅花屋)을 짓고 살던 곳.
	⑩향설매해경구 (香雪梅海景區)	사오닝[紹興]	130만평(6500畝).「향설농장(香雪農莊)」과 그 주변의「산리인가(山里人家)」가 대표. 입장료 없음
후조우	⑪장흥 임성진 (長興 林城鎮)	장싱시안[長興県]	명 홍무년간 길손이 장흥현 성북 20리를 지나다 길가에 수십만 그루의 매화가 심겨있음을 보았다. 지금 중국에서 유명한 탐매지가 되었는데, 이곳에는 홍매원(紅梅苑) 향설해(香雪海), 매화오(梅花塢) 같은 매화관광지. 입장료 없음

부록3_ 장쑤성의 유명한 탐매처

소재지	유명 매원	연혁. 면적. 특징. 입장료.
난징시 (南京市)	남경 매화산(梅花山)	중국 3대 매원(中國3大梅園). 매화 식재 면적 1,533畝(1,000,000㎡), 매화 35,000여주, 품종 367개, 규모 수량 품종면에서 중국 최고. 「천하제일매산(天下第一梅山)」남경명효릉경구1호문 광장 60元
	리수이현(溧水縣) 푸쟈뻬엔(傳家邊) 매원	홍람진 부가변 농업과기원(洪藍鎮 傳家邊 農業科技園)「梅的故鄕」,「萬畝花海, 十里梅林. 30元
	구린공위안(古林公園)	2천여주. 남북조시대부터 매화 재배지. 일본인 기증 도지매(跳枝梅)도 있음. 남경시 고루구 호거북로 21호 무료 입장
	시엔무후(南京玄武湖)	저장성(浙江省) 자싱(嘉興)의 남호(南湖)와 항저우 시후 (杭州 西湖)와 더불어 강남삼대명호(江南三大名湖). 경내 매화 400여주. 무료 입장
창저우 시 (常州市)	홍매이공위안(紅梅公園)	천녕사(天寧寺)북측. 원래 천령사 숲 옛터. 천녕구 나한로 1호. 1960년 정식 개방, 공원 안 홍매각(红梅阁) 유명.
화이안 시 (淮安市)	칭얀위안(清晏園)	중국조운사상(中國漕運史上) 유일하게 남은 관환원림(官宦園林)
렌윈강시 (连云港市)	후아쿠오샨(花果山) 매원	화과산은 렌윈강 시내 동서로 150여 킬로 뻗어 있는 운대산(雲臺山)의 130여 개 산봉우리 중 하나. 해발이 625.3m. 장쑤성 최고봉. 이곳 수렴동에서 오승은이 서유기를 집필. 그래서 손오공의 고향이라 함. 매원은 생태원 내.
난퉁 시 (南通市)	원예박람원남통원 (園藝博覽園南通園)	매화 1000주. 골홍(骨紅, 태각(台閣), 묵매(墨梅). 오매(烏梅), 녹매(綠梅) 등
쑤첸 시 (宿迁市)	홍택호생태매원 (洪澤湖生態梅園)	홍택호는 태호, 소호, 동정호, 파양호와 더불어 중국 5대 담수호. 궁분매(宮粉梅), 옥접매(玉蝶梅), 단판매(單瓣梅), 녹악매(綠萼梅), 설매(雪梅), 진주매(珍珠梅)
	오채매원(五彩梅園)	호빈신구(湖濱新区) 삼태산삼림공원(三台山公園) 관리처 남쪽. 2005년부터 1만여평 매원 조성.

쑤저우시(苏州市)	광복향향설해(光福鄉香雪海)	중국4대매원(中國四大梅園), 在江南各賞梅景點中歷史最為悠久, 文化底蘊最為深厚, 素有「香雪梅花甲天下」之譽 등위산(鄧尉山)
	서산임옥매해(西山林屋梅海)	중국10대매원(中國四大梅園) 태호에서 가장 큰 섬인 서산 일대. 수천무(畝 · 1무는 약 667㎡)에 이르는 매화밭이 연속되는 중국 최대면적 매화숲. 강남의 매화 감상1번지. 꽃필 때 장관을 이룸.
	석호벽범촌(石湖 辟范村)	1186년. 세계 최초의 매화 전문 서적『범촌매보(范村梅譜)』가 범성대에 의하여 출간. 이곳을 매화재배의 고향이라 일컷는다.
	망사원(網師園)	쑤저우[蘇州]의 고전원림(古典園林) 중 세계유산으로 지정된 9곳 중 1곳.
	이원(怡園)	쑤저우의 고전원림 중 세계유산으로 지정되지 않았지만, 100그루의 매화가 심겨있고, 매화청(梅花廳)이라 부르기도 하는 서월헌(鋤月軒)이 있는 곳.
타이저우시(泰州市)	매란방공원(梅蘭芳公園)	해릉구 영춘동로 90호. 청말부터 중화인민공화국. 대표적 경극배우 메이란팡(梅蘭芳) 탄생 90주년 기념 1984년 조성. 생애와 업적, 착용 의상, 소품 등 전시. 매정(梅亭) 둘레 30살 이상 납매와 매화들. 입장료 15元
우시시(无锡市)	영씨매원(榮氏梅園)	중국 3대 매원(中國3大梅園) 梅花節2月4日, 5,500여주. 다양한 품종.
쉬저우시(徐州市)	구산탐매원(龜山探梅園)	서주시 고루구 평산로 구산(龜山) 민박원(民博園) 안. 2014년 9월, 30,000여㎡. 매화 1,500여주. 회해경제구(淮海經濟區) 내 최대규모. 분매粉梅), 자매(紫梅), 오매(烏梅), 납매(臘梅) 등 십여품종 1천여주.
옌청시(盐城市)	염당하공원(鹽塘河公園)	옌청시 탐매지 3곳 – 염성식물원(700여주) 염독공원(300여주), 세기공원(80여주). 염성식물원이 염당하공원. 2009年 5월 개원. 동 · 서원으로 구분. 서원이 매화공원.
양저우시(扬州市)	수서호경구(瘦西湖景區)	양주시 최초 국가5A급풍경구. 길이 약 4km, 너비 100m. 교차하는 많은 강을 연결, 풍경과 건축을 연출. 서원(徐園)이라는 아담한 정원 연못가 옛스러운 건물. 그 북쪽 물길을 정돈하면서 흙을 쌓은 둔덕에 매화 가득. 매령춘심(梅嶺春深)이라 부른다. 납매(臘梅)도 많다. 3개의 매화 분경전시구, 매화 주제 원림 5개. 만여그루의 매화. 비성수기 : 120元. 성수기 : 150元
전장시(镇江市)	보탑산공원(寶塔山公園)	진강 자매도시 7곳 나무– 중국 매화、일본 벚꽃、카나다 홍단풍、 미국 해당화–를 심은 곳이 유명. 기천지 옆, 학자정 아래 궁분매(宮粉梅), 주사매(硃砂梅), 녹악매(綠萼梅), 용유매(龍游梅) 等을 식재. 승가탑원(僧伽塔院) 매화분경원, 분매 50분.
	강소대학 매화원(江蘇大學梅園)	2001년 강소이공대학, 진강(鎭江)의학원, 진강사범전과학교 합병. 공과를 특색으로 하는 교수연구형 종합대학. 부지는 2백만㎡ 이중 매림은 2만㎡, 남경홍(南京紅), 강매(江梅), 대홍매(大紅梅, 옥접매(玉蝶梅) 등 약 1600주

매화 찾아 세계로
– 중국·I

발　행 | 2020년 3월 25일

지은이 | 양도영
펴낸이 | 신중현
펴낸곳 | 도서출판 학이사
출판등록 : 제25100-2005-28호
주　　소 : 대구광역시 달서구 문화회관11안길 22-1(장동)
전　　화 : (053) 554~3431, 3432
팩　　스 : (053) 554~3433
홈페이지 : http://www.학이사.kr
이 메 일 : hes3431@naver.com

ISBN _ 979-11-5854-226-9　04380